复盘工作法

王建和 宋晓亮◎著

中信出版集团｜北京

图书在版编目（CIP）数据

复盘工作法 / 王建和，宋晓亮著 . -- 北京：中信出版社，2022.7（2024.6重印）
ISBN 978-7-5217-4469-9

Ⅰ.①复… Ⅱ.①王… ②宋… Ⅲ.①企业管理 Ⅳ.① F272

中国版本图书馆 CIP 数据核字（2022）第 095582 号

复盘工作法
著者：　王建和　宋晓亮
出版发行：中信出版集团股份有限公司
　　　　（北京市朝阳区东三环北路 27 号嘉铭中心　邮编　100020）
承印者：　嘉业印刷（天津）有限公司

开本：880mm×1230mm 1/32　印张：9.5　　　字数：178 千字
版次：2022 年 7 月第 1 版　　印次：2024 年 6 月第 5 次印刷
书号：ISBN 978-7-5217-4469-9
定价：69.00 元

版权所有·侵权必究
如有印刷、装订问题，本公司负责调换。
服务热线：400-600-8099
投稿邮箱：author@citicpub.com

目录

前言 *1*

第1章 什么是复盘工作法

复盘工作法的前世今生
复盘工作法的本质与价值 006

复盘工作法的特别之处 009

复盘工作法的 4 种形式 011

为什么大企业都在用复盘工作法
员工赋能 014

管理者有效管理的抓手和自我修炼的工具 018

工作复盘的四大目的

了解现在 022

总结过去 025

提升未来 027

借事修人 027

第 2 章 如何提高工作复盘的质量

工作复盘的三大角色

引导者 033

指导者 035

陈述者 038

工作复盘的三大原则

三分提问，七分倾听 044

敢于棒喝，乐于赞美 051

进门有准备，出门有力量，过程有痛苦，每次有期待 056

工作复盘的三大标准

给出清晰的评价 061

参与问题的剖析 064

制订改进的方案 068

第3章 如何增进工作复盘的效率

工作复盘中的4重心态

客套：流于形式，只说对方想听的 076

争论：直言不讳，只说自己想说的 081

反思：换位思考，了解对方的出发点 085

共创：出局看局，产生新认知 088

工作复盘的4个核心法则

开放心态，坦诚表达 092

立场坚定，丑话当先 094

刨根问底，反思自我 098

重在行动，持之以恒 101

管理者做好工作复盘的3个步骤

以终为始：打造赢取胜利的"一张图" 106

制订策略：找到目标达成的有力抓手 109

规避风险：充分看到事物的两面性 112

第4章 如何完善工作复盘的流程

工作复盘前的三大准备工作

盘点业务数据，搜集工作案例 118

确认谈话基调 121

确定谈话策略 123

工作复盘过程中的三大动作

员工表述：真实呈现工作情况 129

双向沟通：透过现象看本质 132

管理指导的"揪""照""闻" 137

工作复盘后的三大效果检验

跟踪进度 141

在岗辅导 142

阶段复盘 147

第5章 个人复盘如何做才能让员工自省

什么是个人复盘

个人复盘是对自身现状的反馈 154

个人复盘的价值与意义 157

如何进行个人复盘

找到契约人，建立契约关系 160

给自己设立"独立空间" 163

形成稳定的个人复盘模式 166

"照镜子"是个人复盘的有效工具
以自己为镜 173
以他人为镜 177

第6章 业务复盘如何做才能推动业务增长

业务复盘应如何进行
业务复盘从哪里开始 184
业务复盘在哪里深入 189
业务复盘到哪里结束 195

业务复盘的三大核心环节
倾听 196
排毒 200
反馈 208

第7章 群体复盘如何做才能打造铁血团队

什么是群体复盘
搭建一个让团队发现问题的场子 212
群体复盘的形式 214

如何进行群体复盘

提前准备 219

同一目标 224

空杯心态 227

现场把控 230

管理者做好群体复盘的 3 个核心

简单开放 233

评价清晰 235

实事求是 237

第 8 章 跨级复盘如何做才能提升组织能力

什么是跨级复盘

搭建一个高质量对话的场子 242

跨级复盘的三大作用 243

如何进行跨级复盘

第一步：员工讲述工作情况 247

第二步：次级主管反馈和提问 250

第三步：主管进行点评 253

跨级复盘成功的标准

反馈要有足够的宽度、锐度和温度 256

探询对方观点，自我反思 258

附录一　针对不同的员工怎么做工作复盘

个人

管理者与应届生

管理者与老员工

业务老大与老销售

区域老大与区域经理

附录二　工作复盘心法

培养篇

成长篇

管理篇

前言

作为一名在阿里巴巴工作近十年的"老兵",我的脑海中萦绕着太多关于这家公司的回忆,要说印象最深的,莫过于有关"复盘工作法"的各种人和事。

本书中提到的"复盘工作法"是马云专门为阿里巴巴打造的一种工作方法,其在公司内部被称为"Review",是阿里巴巴独创的绩效管理的核心工具。在企业管理中,"检查""回顾"等动作通常被称为"复盘";"评论""汇报"则多用于"绩效面谈"。复盘工作法是复盘和绩效面谈的结合体,在工作复盘过程中,员工既要进行工作总结和自我反思,又要接收来自同事和主管的建议或评价。

曾几何时,我还是一个刚刚步入职场的"毛头小子",在加入阿里巴巴后第一次听说了 Review 这个新鲜事物。"什么是 Review?"这是我在听到这个英文单词后的第一反应。我问身边的同事:"Review 是复盘吗?是业务总结吗?是述职演讲吗?"面对我连珠炮似的提问,同事只是笑笑说:"等你经历一次 Review，就知道它是什么了。"

很快，我就迎来了自己的第一次 Review。那次 Review 的经历深深地刻在了我的记忆里，因为那次 Review 我直接哭了出来。你是不是很难想象这个画面：一个大男人在台上掩面痛哭，这也是我自己都没有想过的场景。

在那次 Review 前，我提前一周进行了精心的准备，认为自己在平时工作中没有出现什么问题。所以，在即将迈进会议室大门的那一刻，我心中虽然有些紧张，但是仍然充满信心。

可是 Review 的过程是我始料未及的。在业务老大犀利且一针见血的提问中，我节节败退，逐渐意识到自己还有太多的不足之处和需要改进的地方。

承认并接受自身不足的过程非常煎熬，这一过程痛苦到让人汗流浃背，难受到让人掩面哭泣。在那次 Review 快要结束的时候，业务老大问我："建和，感觉到痛苦了吗？"看到我点点头，他笑着说："觉得痛苦就对了，这说明你成长了。"没错，Review 能够让人成长，这是我对 Review 最深刻的体会。

在之后的几年中，我又经历了大大小小、数不清的 Review，有些是别人给我 Review，有些是我给别人 Review。无论形式如何，在每次 Review 结束后我都会觉得自己在飞速成长，而我对 Review 的感情也从最开始的"恨"转为"爱"，这些就是我在阿里巴巴与 Review 的故事。

在离开阿里巴巴后，我怀揣着梦想走上了创业之路，创立了自己的企业——知行，我立志要"助力企业，成就人才"，成就每一位管理者。

复盘工作法给我带来了太多有益的东西，它让我转变了思维、扩展了视野，看清了真实的自己，找到了目标、愿景与希望。

在为企业做管理咨询的过程中，我发现有太多公司缺少一个帮助员工成长的机制，许多管理者也不知道该如何提高员工的绩效水平。我见过一些公司用冰冷的绩效考核代替管理者与员工间的沟通反馈，也见过一些管理者无法达成目标却不知原因何在。面对管理的种种"病症"，我萌生了将复盘工作法介绍给更多人的想法，希望能有更多的企业和管理者从中受益，这也是我写这本书的初衷。

在近十年的时间里，我见证了阿里巴巴从一个"笑话"成为一个"神话"，而阿里巴巴成功的背后是一个个阿里人的成长。在这一过程中，复盘工作法这一工具功不可没。"今天的最好表现是明天的最低要求"，这是每个阿里人心中的信条。而复盘工作法正是帮助阿里人不断突破自我、收获成长的利器。在本书中，我将结合自己多年的实战经验和总结的方法，为读者详细讲解复盘工作法的认知与运用。

为了让读者看清复盘工作法的全貌，我将从其目的、原则、标准、流程等方面入手，展现其价值与意义，详细介绍如何做好个人复盘、业务复盘、群体复盘、跨级复盘等不同形式的工作复盘。

本书覆盖了管理者工作中绝大部分的场景，尽力还原了复盘工作法的各个方面。我希望通过对复盘工作法的深度剖析，让读者真正看懂并掌握这一工具。

从本书中，你会获得：

一套阿里巴巴绩效管理的核心工具；

避免让复盘工作法流于形式的重要法则；

面对不同员工的工作复盘实战技巧；

利用复盘工作法提升业务的有效方法；

大量的工作复盘实战案例及深刻解读。

    为了完成这本书，我联系了许多阿里巴巴的"老战友"，从他们那里搜集到大量的实战案例和经验。听说我要写一本关于复盘工作法的书，他们都表示非常支持，滔滔不绝地向我讲述复盘工作法给他们带来了怎样的成长。在此，我由衷感谢这些"老战友"的支持和帮助，他们在深夜里一通通饱含热情的电话是我在这段时间里的美好记忆。

    同时，我也查阅了市面上大量的管理类图书，想要从中获取一些有价值的资料。但令人感到遗憾的是，竟然没有一本书是专门介绍阿里巴巴复盘工作法的，即使有的图书提到了复盘工作法，也都是只言片语、一笔带过。这更坚定了我要将这本书完成的信念。我想让更多的人了解复盘工作法这一被阿里巴巴用到极致的绩效管理工具，让更多人感受到它无穷的魅力与价值。

    在这里，我想将这本书献给所有的企业家和管理者。在阿里巴巴风风雨雨的二十多年中，复盘工作法陪伴着所有阿里人成长，给每个阿里人都留下了又爱又恨又期待的回忆。我希望读者能够从阿里巴巴的成功经验中有所收获，将复盘工作法这种高效、实用的管理工具应用到自己的企业和团队中，进而打造出一支飞速成长、无往不利的"铁军"团队，让组织和员工都迸发出活力与激情。

第 1 章

什么是复盘工作法

"复盘工作法"是绩效管理的重要工具，在阿里巴巴，复盘工作法有个人复盘、业务复盘、群体复盘和跨级复盘这4种形式。管理者可以通过复盘工作法达到了解现在、总结过去、提升未来、借事修人这四大目的。

复盘工作法的前世今生

阿里巴巴向来推崇防患于未然，为此，马云为阿里巴巴打造了"复盘工作法"，让企业时刻处于不断反省、不断向前的氛围中。

除此之外，我们还不得不提到阿里巴巴前 COO（首席运营官）关明生。2001 年，马云力邀在 GE（美国通用电气公司）任职 15 年的关明生加入阿里巴巴。关明生的到来给当时正处于生死边缘的阿里巴巴带来了希望。他将 GE 的管理体系注入阿里巴巴的"血液"，其中就包括绩效管理体系。在一定程度上，阿里巴巴的复盘工作法脱胎于 GE 的绩效管理体系，其融合了阿里巴巴的"复盘文化"，逐渐发展成适应企业自身的管理工具。

工作复盘是从过去的工作经验中进行总结、改进和学习，帮助员工有效地制订未来的工作计划，改进工作方法，增强个人能力，最终实现绩效的提升。它类似于工作总结，但还会对未发生的其他工作行为进行探究，探索出更多的可能性，发现项目的可行性，从而找到新的工作方法和出路。因此，从企业的角度来看，工作复盘的最终目的是提升绩效服务。

阿里巴巴还流行着这样一句话："不要给失败找理由，要为成功找方向。"工作复盘的目的是在看到失败之后，员工要从结果和过程中找到需要提升的地方，而不是抱怨为什么失败，因为成功往往暗藏在失败之中。

那么，"复盘"与"复盘工作法"有什么联系？

"复盘"遵循着 PDCA 循环原则，而"复盘工作法"就是推动这一循环的重要工具，作用于计划（Plan）、执行（Do）、检查（Check）、调整（Adjust）4 个环节（见图 1-1）。

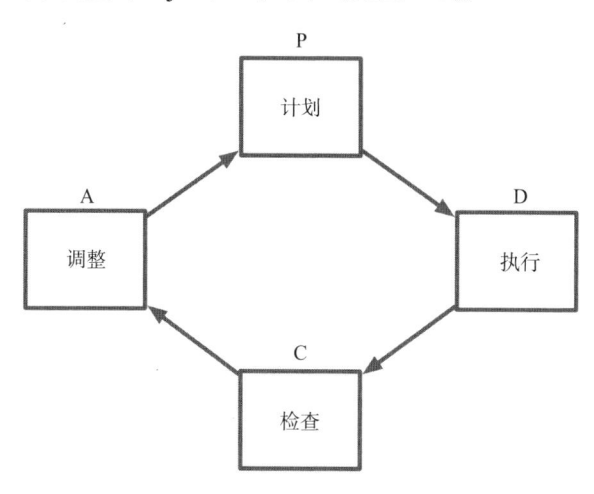

图 1-1　PDCA 循环原则

PDCA循环原则能够有效帮助员工提升绩效。它从计划开始，要求员工提前制订好下一阶段的工作目标和达成策略。之后员工进入执行阶段，按照计划进行具体的工作，努力达成目标。在执行工作完成后，团队进入非常重要的检查环节，这时复盘工作法这一管理工具就会介入。管理者和员工一起对比计划和执行环节，分析结果与过程中的差异，找出问题并制订改进方法。

需要注意的是，检查环节得出的最终结果要融入调整环节。员工要根据上一阶段的工作经验改进工作方法，同时避免在之后的工作中出现相同的错误。最后，员工再根据调整后的结果进行下一阶段的计划，从而完成一个工作循环。

在PDCA循环原则的帮助下，无论是组织、团队还是员工个人，都能逐渐获得成长，让过去的经验和教训成为未来前进道路上的"燃料"。

以阿里巴巴的销售岗位为例。阿里巴巴要求每个销售人员和团队定期上报自己在下一阶段的业绩预测目标。在定好目标后，销售人员会按照自己定下的工作策略来达成目标，如每天要拜访多少客户、打多少通电话、挖掘多少新的意向等，在某一阶段结束后，管理者会与销售人员进行工作复盘，对比业绩目标和实际结果，找出问题和改进方法。

比如，这个月的目标是完成50万元的业绩，实际只完成了25万元，背后的原因是什么？是工作能力不够？是工作方法不对？是个人意愿不够？还是团队整体状态不好？针对影响业绩目标达成的本质问题，管理者和员工一起沟通和改进方法，并将这些改进方法应用到下一阶段的工作中，最终根据调整制订出之后的业绩目标和达成策略。阿里铁军最开始在一个月内完成这样一个循环，后来不断缩短周期，有时甚至变成每天完成一个 PDCA 循环。这也是阿里铁军能够快速成长、无往不利的重要原因。

阿里人常说："要在阳光灿烂的时候修屋顶。"团队不能因为当前的形势好、业绩好、利润高、团队士气旺盛，就安于现状、不求进取。不然，在"下雨""下暴雪"的时候，再跑到"屋顶"上进行维修，就为时已晚。所以，管理者要重视复盘工作法，让组织和个人在锻炼中得到成长。

复盘工作法的本质与价值

复盘工作法的本质是一种绩效管理工具，它能够为员工提供一个反馈结果、反观过程的场景。一场高质量的工作复盘能够帮助员工成长，而管理者也能通过这一管理工具辅导和赋能员工，从而实现个人和组织的成长。

阿里巴巴绩效管理的 4 句名言

许多企业都在做类似工作复盘的绩效管理，但往往流于形式，最终收效甚微，这是因为它们并没有认识到复盘工作法真正的本质和价值所在。那么企业为什么需要复盘工作法来提升管理效率？复盘工作法又为什么能够发挥出如此大的功效？我想阿里巴巴关于绩效管理的 4 句名言能够回答这一问题（见图 1-2）。

有想要的，才能实现：管理者需要知道自己想要什么样的目标,这样目标才能得以实现。如果管理者不知道自己想要什么,团队就不会有任何收获。

1. 有想要的,才能实现
2. 去衡量的,才能做到
3. 给反馈的,才能进步
4. 被奖励的,才能重复

图1-2 阿里巴巴绩效管理的4句名言

去衡量的,才能做到:管理者考核什么样的行为,这样的行为才会得到执行。管理学告诉我们:"员工不会做你想要的事情,只会做你监督和检查的事情。"所以管理者推行任何工作都要进行衡量,否则这些工作是无法完成的。

给反馈的,才能进步:在进行一项工作的过程中,只有当管理者给出或获取一些反馈的时候,这项工作才能得到提升,变得更加顺畅,进而收获更好的结果。否则就容易"为过程鼓掌,为结果买单",最终"竹篮打水一场空"。

被奖励的,才能重复:在进行某一项工作的过程中,如果不奖励执行者,他是不会愿意去重复做这件事的,只有被奖励的,才能重复。这一奖励不仅包括金钱上的收获，还包括精神上的愉悦。

在一定程度上，复盘工作法完美地体现了阿里巴巴绩效管理的4句名言中的要求。这4句名言也代表了复盘工作法的价值。管理者需要通过复盘工作法这一有效的绩效管理工具来明确自己想要什么，要衡量什么，要反馈什么，要奖励什么，进而得到"实现，做到，进步，重复"的效果，让组织不断成长、充满活力。

复盘工作法能够满足不同层级的需求

复盘工作法无论对企业、管理者还是员工都有着不同的价值，它能够满足三者的需求。

• 企业的需求

复盘工作法能够帮助企业达成组织目标，并在过程中把控各个环节。如果没有复盘工作法，那么在企业制定的目标落实到每个员工身上时，管理者很难对员工完成的结果进行评估，而员工也很可能没有动力去认真执行分配给自己的工作。

• 管理者的需求

复盘工作法是帮助管理者与员工针对工作达成共识的有效工具。它能够帮助管理者分解目标，并将目标的设置情况、工作的价值与意义准确地传递给员工。

• 员工的需求

对员工来说，复盘工作法是公平、透明地维护自身利益的有效工具。通过复盘工作法，员工可以了解自己的工作情况和上级对自己的评价,能够满足自己希望获得认可、成长的需求。

管理者在引入复盘工作法前,要先明白其本质和价值所在,这样才能把控好复盘工作法的整体基调和方向,让其不流于形式,发挥出真正的功效。

复盘工作法的特别之处

阿里巴巴的复盘工作法和许多企业中的绩效面谈很像,其中融合了阿里巴巴的复盘文化,那么复盘工作法、复盘和绩效面谈三者之间又有何区别(见表1-1)?

表1-1 复盘工作法、复盘、绩效面谈

区别	复盘工作法	复盘	绩效面谈
对象	个体	团队	个体
形式	整体工作情况的反馈和沟通 时间层面的循环 场景多样	集思广益 事件层面的循环 总结某一事件	绩效反馈和确认 时间层面的循环 场景单一
目的和功能	了解现在 总结过去 提升未来 借事修人 绩效考核	传承经验,提升能力 了解事情本质 避免错误重犯 总结规律,固化流程	检讨过去 把握现在 展望未来 绩效考核

复盘工作法和复盘

复盘工作法和复盘的对象、形式、目的和功能都有着很大区别。

从对象来看，复盘工作法更针对个体，而复盘更针对团队。复盘是团队学习的重要方式。团队通过集体对某一项目的深度复盘，从过去的经验和实际的工作中进行反思和总结，可以超越个人的局限，让团队成员看到事物的整体，进而提升能力，改善绩效。复盘工作法则更强调员工个体的工作能力提升，并将视角聚焦于参与工作复盘的特定员工身上。

从形式上看，复盘工作法大都发生在管理者与员工、管理者与管理者之间，针对上一阶段及下一阶段工作情况的反馈和沟通。而复盘发生在团队和组织之间，针对某个特殊事件、具体项目或战略规划进行总结和提升。简单来说，复盘工作法重在反馈和沟通，复盘重在集思广益；复盘工作法重在时间层面的循环，复盘重在事件层面的循环。

从目的上看，复盘工作法具有"了解现在""总结过去""提升未来""借事修人"四大目的，而复盘具有"传承经验，提升能力""了解事情本质""避免错误重犯""总结规律，固化流程"四大目的。同时，复盘工作法具有较强的绩效考核功能，这是复盘所不具备的。

复盘工作法和绩效面谈

很多人认为复盘工作法和企业中的绩效面谈很像，甚至常常将两者混为一谈。但是复盘工作法与绩效面谈的形式、目的和功能有本质的区别。从某种角度来说，复盘工作法就是绩效面谈的加强版。

从形式上看，复盘工作法可以发生在管理者与员工之间、管理者之间和员工个人之间这 3 个不同场景中，而绩效面谈只存在于上级主管与下属员工之间。因此，复盘工作法的适用场景更多。

从目的和功能上看，复盘工作法和绩效面谈都具有总结过去、了解现在、提升未来的目的和绩效考核的作用，但是与复盘工作法相比，绩效面谈缺少了借事修人的目的。而借事修人也恰恰是复盘工作法的魅力所在。复盘工作法能够通过"揪头发[①]、照镜子[②]、闻味道[③]"3 个核心动作帮助员工打开视野、获得成长，做到"出门有力量"，"每次有期待"，这些是绩效面谈所不具备的。

认识复盘工作法、复盘和绩效面谈三者的区别，能够帮助管理者在不同场景下选择更为准确、合适的形式，也能帮助员工和团队得到更好的提升和改善。

复盘工作法的 4 种形式

复盘工作法作为绩效管理的工具，会根据实际目的和参与人员的不同呈现出丰富的形式，一般分为个人复盘、业务复盘、群体复盘和跨级复盘。

---

① "揪头发"是指管理者要让员工上一个台阶看问题，从而提升眼界，培养其向上思考、全局思考和系统思考的能力。
② "照镜子"是指管理者要客观、真实地反馈给员工自己所看到的东西，真诚地为对方提供建议，成为对方的镜子。
③ "闻味道"是指管理者考察员工的言行表现与公司的价值观是否匹配，判断其是否能够成为志同道合的伙伴，能否一起走得很远。

个人复盘

个人复盘就是员工通过自省的方式进行自我绩效反馈，审视自身的问题。个人复盘的视野可大可小，员工既可以审视自己的工作目标和方向，又可以审视自己的行为。

业务复盘

业务复盘的目的是管理者适时给予员工现场辅导，从而促进员工个人和组织的成长。在业务复盘中，业务管理者与员工要针对一个时间段内的核心数据进行沟通，用提问的形式找出问题，然后达成共识，最后管理者给予员工行动指南，以达到提升能力的目的。

群体复盘

群体复盘就是搭建一个让团队发现问题、看清问题、解决问题的场景。管理者可以挑选一个特定的时间，将某个区域内的所有同等级的员工组织起来，一起完成群体复盘。群体复盘对每个参与者的挑战会非常大，因为大家都有着丰富的工作经验。

在其他人面前，进行复盘的员工要做到面面俱到，否则任何细小的错误都会被其他人"揪"出来并放大。通过群体复盘的形式，团队管理中的问题能够毫无保留地暴露出来，并且每个参与者都知道如何去改进自己的工作。

在需要进行群体复盘时，我一般会选择一个景色宜人的地方，让大家坐下来尽情讨论，在唇枪舌剑、刀刀见血的讨论过程中，像剥洋葱一样把参加者一片片地剥开，直到挖掘出问题的本质。到了晚上，大家点起篝火、烤上羊腿，在酒杯的碰撞声中消除在复盘时言语冲突带来的不快，一起感叹一声"都是为了成长"。

跨级复盘

跨级复盘就是搭建一个高质量的绩效沟通场景，让不同级别的人员进行对话。这种高质量的对话能够极大地提升团队的组织能力，并让不同级别的人员能够站在彼此的角度看问题，从而激发组织的活力，增强组织的信任度。团队可以通过不断进行跨级复盘来搭建舞台，在实践中使组织整体前后衔接、持续贯通，进而形成正向循环。

在之后的章节中我会对复盘工作法的 4 种形式进行详细的介绍，在此不一一展开。管理者可以根据企业自身的实际情况和具体工作，灵活地选择不同形式的复盘，让组织在不断进步中展现出活力与激情。

为什么大企业都在用复盘工作法

从狭义的角度来看，复盘工作法原本只是绩效管理的一个工具，但是阿里巴巴把这一工具用到了极致，并且形成了复盘传统。阿里人究竟有多么喜欢复盘工作法呢？这或许可以从马云在阿里日的集体婚礼证婚词中窥见一二:"阿里巴巴员工谈恋爱时吵架是要复盘的,是要 Review 的,还要灵魂四问,要问为什么吵、吵什么、吵能解决问题吗、怎么能不吵。所以只有经常 Review,才能晋升,家里的婚姻也是要经常 Review 的。"马云的这段证婚词虽然只是为了达到诙谐、幽默的效果,但是我们也能看出复盘工作法在阿里巴巴已经成为一种内在的文化。

为什么阿里如此钟情于复盘工作法?在我看来无非有两点原因:第一,复盘工作法具备极强的赋能力量;第二,复盘工作法是管理者的有效抓手,也是管理者自我修炼的工具。

员工赋能

提起复盘工作法,许多不明真相的人会有颇多误解。早期,许多阿里人看到进行复盘的男同事、女同事一个个哭着走出会议室,就将工作复盘戏称为"扒皮大会"。这样的称呼慢慢被人们传开,慢慢被以讹传讹,以至于一些外界的企业管理者认为复盘工作法的形式以反驳为主,就是要让员工痛哭流涕。事实并非如此,甚至与这一现象正好相反。复盘工作法的目的是给员工赋能。

什么是赋能?复盘工作法又是如何做到赋能员工的呢?赋能就是通过组织、流程的有效设计,使得企业的组织和个人能够快速、高效地完成工作任务,从而达成企业的使命和战略目标。

斯坦利·麦克里斯特尔、坦吐姆·科林斯、戴维·西尔弗曼与克里斯·富塞尔合著的《赋能:打造应对不确定性的敏捷团队》一书中有这样一句话:"如今所要做出决定的数量和速度已非一个领导者所能胜任，哪怕这个领导者天赋再高、能力再强也是如此，向下层赋能已经不可避免。"从中可以看出，在当今这个瞬息万变的时代，赋能员工是一种不可忽视又极为必要的管理手段。

阿里人的成长得益于复盘工作法，它给了所有阿里人定时反馈、回顾的机会。员工能够通过这种看似极为痛苦、实则酣畅淋漓的方式得到力量，从而不断提升自我，最终帮助组织达成使命，完成战略目标。

我们可以通过一个案例来看看复盘工作法是如何赋能员工的。

小虎是一个刚刚步入社会的应届毕业生。他通过了层层面试和选拔终于加入了梦寐以求的阿里巴巴，进入运营岗位。在工作3个月后，他精心地准备好自己的入职工作复盘，也觉得自己平时在工作上没有什么问题，所以心中虽然有一些紧张，但是仍然充满信心。他就这样走上了工作复盘的舞台。

管理者：小虎，先聊聊你这3个月的感受吧。

小虎：这3个月来，我认真完成自己的工作，每天严格完成触达客户的数量目标，获得了不错的效果。当然，我还是阿里巴巴的一个新人，还有许多需要学习和成长的地方。之后，我会继续努力。

管理者：小虎每天能够完成既定目标，这是大家有目共睹的。这点非常好，我向你提出表扬。你刚才说的触达客户是过程目标，那么你的业绩目标完成得如何？

小虎：这……这……不是很好，只完成了50%的业绩指标。

管理者：你的过程目标完成得很好，但是业绩目标离全部完成还有不少距离，原因是什么？

小虎一脸茫然，当初走进会议室时的自信已经荡然无存。

小虎：对不起，我没有想过这个问题，可能是自己的销售能力不足吧。

管理者：小虎，你要努力培养自己的结果导向思维。要有结果意识，要把工作热情转化为实实在在的结果，否则就是在"为过程鼓掌，为结果买单"。

小虎：嗯，我明白了。

管理者：在个人成长方面你都做了什么？

小虎：我反复背诵销售话术，每天背一遍，还看了很多销售方面的书籍。

管理者：具体都有哪些书？能不能列举出一些能够运用到实际工作上的例子？

……………

我们从上面这个案例中可以看出，小虎在管理者犀利的问题中节节败退，并意识到自己还有很多不足之处和可完善的地方。因此在工作复盘时，管理者要给员工方向和方法，进而给予他们心动的理由和行动的力量。复盘工作法看似残酷，实则能赋能员工。而复盘工作法之所以能够做到这一点，是因为它遵循了3条原则。

第一，敢于棒喝，乐于赞美，丑话当先，立场坚定，信息明确。

第二，进门有准备，出门有力量，过程有痛苦，每次有期待。

第三，三分提问，七分倾听，以员工为主，以支持、协助为初心。

除了遵循这3条原则之外，管理者还要根据工作复盘的结果进行奖罚，从而形成一个完整的周期。

韩非子认为，奖罚是管理者的"二柄"（两种权柄）。因此，管理者如果奖罚做得好，那么群心有向，向上有序，心有敬畏，活力四射；如果奖罚做得不好，那么军心涣散，拉帮结派，团队离心，内耗不断。管理者要明确奖惩，奖励就要奖得员工心动，惩罚就要罚得员工心痛，这样才能使员工得到真正的成长。而衡量奖罚的重要标准之一就是工作复盘。工作复盘是点燃员工底层动力的燃料，赋能员工不能只靠管理者语言的力量和企业文化的渗透，还要凭借绩效评估的作用。

正是有了工作复盘机制，团队才能做到"今天的最好表现是明天的最低要求"。管理者通过这样一个公正、透明的方法，"对得起好的人，对不起不好的人"，从而"不让雷锋吃亏，向奋斗者倾斜"。

工作场景对个人认知、能力和性格的塑造极为重要，就像是能够提供表演机会的舞台。管理者要学会利用复盘工作法这一工具，为员工搭建一个能够得到锻炼的舞台。

管理者有效管理的抓手和自我修炼的工具

在阿里巴巴，最钟情于复盘工作法的莫过于管理者。我在阿里巴巴做管理近十年，为许多员工做过工作复盘，因此我深知复盘工作法对于管理者的重要价值。毫不夸张地说，没有复盘工作法的帮助，阿里巴巴不会有今日的成就，也无法培养出众多精兵强将。

对管理者来说，复盘工作法具有两层价值，一层是对他人的价值，另一层是对自己的价值。对他人而言，复盘工作法是非常实用的管理抓手；对自己而言，复盘工作法是每个管理者都不能忽视的自我修炼的工具。

对他人：复盘工作法是管理者的管理抓手

很多管理者都曾向我吐露心声："做管理真的太难了，团队中每个人的工作我都要管，还不知道从何管起，一天工作下来焦头烂额。"听到这样的抱怨声，我总会给予对方这样一个回答："给团队的每个人做工作复盘，能够帮助你看清事物的全貌。"

在管理团队的过程中，管理者每天要面对各种错综复杂的事务，仿佛深陷泥潭，无法脱身。面对这样的情况，有的管理者事无巨细、事必躬亲，有的管理者茫然不知所措，索性将一切问题抛诸脑后、不闻不问。这两种处理方式都难以得到好的结果。管理者要如何做到既能游刃有余地处理团队事务，又能将团队的所有情况都掌握在自己手中？答案就是用好复盘工作法这个强有力的管理抓手。

对管理者来说，其工作内容无论如何也绕不开拿结果、追过程和培养人这3件事，而一场高质量的工作复盘能够帮助管理者同时完成这3项看似棘手的工作。

用复盘工作法拿结果

复盘工作法的一大核心价值就是能够在结果维度上成为管理者的抓手。从目标层面来看，管理者要将一年的目标拆分到4个季度，再将每个季度的目标拆分到每个月、每个周。而工作复盘能够帮助管理者评估每个阶段的目标完成情况，从而站在全局的角度上把控目标进程。在工作复盘的过程中，管理者会看到员工在上一阶段的数据和成长点，全面评估员工计划目标与实际完成目标之间的差距，了解并掌控员工的工作结果。

复盘工作法还可以帮助管理者对结果维度的核心关键指标进行设置，排除多种难以把控的干扰数据。比如，在企业需要快速发展业务、扩大市场的时候，管理者可以只抓员工的业绩达成率；在企业巩固基础的时候，管理者可以只抓员工的客户拜访量；在企业业务转型的时候，管理者可以只抓员工的客户拉新量。管理者通过抓几个甚至一个核心关键指标，可以让自己和团队的工作更加聚焦、高效。而复盘工作法就成了管理者将核心关键指标下达给员工，与其达成共识，并对其进行有效监督的关键工具。

用复盘工作法追过程

工作复盘能够系统地总结员工在目标达成过程中的成功经

验和失败教训。管理者要明白，同一个目标的达成方法未必相同。管理者可以通过工作复盘有效地了解团队成员达成目标时运用的方法。管理者发现好的方法，可以将其复制给团队中的其他员工；看到不好的方法，可以提出改进意见并督促员工加以改正。

在用复盘工作法追过程时，管理者还可以了解到员工的能力水平与工作意愿、团队的状态、结果与过程的联系等影响结果的关键过程因素。

用复盘工作法培养人

复盘工作法最大的特点就是具有赋能的作用。俗话说："当局者迷，旁观者清。"管理者能够以更高、更远的角度帮助员工发现并指出其自身问题，让员工进行深刻反思，发现自身不足，从而更加清晰地认识自我，最终找到前进的方向和力量。

管理者要有"青出于蓝而胜于蓝"的意识，通过不断培养人来拿结果。在工作复盘的过程中，管理者可以在与员工达成共识的基础上，给予对方方法和行动指南，让其成为磨炼员工的场景和舞台。

同时，管理者运用复盘工作法，能够让员工获得"今天的最好表现是明天的最低要求"的成长思维。无论这次工作复盘的结果有多好，它都已经过去了。在下次工作复盘的时候，员工需要用更好的结果来证明自己的进步和成长。

除此之外，复盘工作也是一种很好的团建方式。管理者和员工可以在复盘工作中不断了解彼此、磨合关系。管理者还能发现身边的伙伴是否值得信任，是不是拥有相同理想的同路人。

对自己：复盘工作法是管理者自我修炼的工具

"工作复盘不是对员工的考验，而是对管理者的考验。"对员工来说，工作复盘是展示结果、发现不足、获得建议、收获成长的过程。但对管理者来说，能否从结果数据中找到问题，能否帮助员工挖掘造成问题的根本原因，能否给出合理的建议，能否让员工看到未来的方向并赋予其满满的动力，这些都完全取决于管理者的能力。其实，每次工作复盘都是管理者的一次"考试"。

通过和员工做工作复盘，管理者能够很好地反观自己，发现自身的问题。当提不出一个好问题时，管理者要自问："我知道自己想要的核心指标是什么吗？我有没有一个清晰的思维框架体系？"当无法从数据中挖掘出问题的本质时，管理者要自问："我真的了解公司的业务模式和业务流程吗？"当无法给出员工职业方向上的建议时，管理者还要自问："我对团队成员了解吗？我们的团队氛围是不是出了问题？"所以，员工复盘的过程，也是管理者修炼自己的管理能力的过程。

工作复盘中有一个重要环节叫"管理指导"，管理者通过"揪头发""照镜子""闻味道"3个动作赋能员工。其实，这也是管理者在为自己"揪头发""照镜子""闻味道"，让自己能够开阔眼界、修炼胸怀、培养坚定的意志。

"揪头发"能够培养管理者的系统思维和向上思考的能力，是开拓管理者眼界的有效工具。尤其是在大批95后、00后涌入职场后，这些新生力量总能迸发出很多新奇的想法。通过在工作复盘时的沟通和碰撞，管理者也能不断吸收各种信息，了解未知的事物，打开自己的眼界。

"照镜子"能够修炼管理者的胸怀，发现自身管理方式的不足。每个员工的工作复盘，其实都是管理者在一次次地"照镜子"。因为在这一过程中，员工很可能反馈出管理制度上的问题。

"闻味道"能够培养管理者坚定的意志。所谓"味道"就是价值观，而"闻"就是管理者判断员工的价值观是否与公司相匹配。但是在"闻味道"前，管理者一定要先确保自己对企业文化有足够深的理解，确保自己与公司的价值观一致，并对企业的使命和愿景充满信心。

总之，工作复盘无论对员工还是管理者都有着重要的价值和意义。工作复盘可以帮助组织提升绩效，迸发源源不断的力量，使其在前进的道路上披荆斩棘、逐渐壮大。

工作复盘的四大目的

在整个阿里巴巴绩效管理流程中，复盘工作法是企业了解员工、收集信息、掌控全局的重要工具。它具有了解现在、总结过去、提升未来和借事修人这四大目的，可以让管理者和员工对其工作情况有全面、准确、深入的了解。下面我们就一起来看一看工作复盘的四大目的。

了解现在

工作复盘能够帮助管理者充分掌握某一个阶段内所有工作的

进展情况。因此，管理者要从各个角度来了解现状，比如业绩结果、工作过程、业务进展、团队氛围、员工价值观等。

很多别的公司也做工作复盘，但是仍然不能掌握团队的整体状况。这是因为这些公司通常只是强调对业务情况的了解和分析，它们常常关注业务目标是什么、目标之下的策略如何制定、针对这一策略应该进行哪些工作、之后会取得怎样的结果、这些结果是否在预期之中等问题。

了解业务情况固然重要，但是管理者要知道，影响业务进展的不只有目标、结果和策略，还有员工的业务水平、团队氛围、价值观匹配程度等因素。所以，管理者在了解现状的过程中一定要打开视野，全面地分析现状，从全局的角度掌握工作进展情况。

业务情况往往只能展现出表层的问题，所以管理者需要深挖问题的本质。在面对数据结果的时候，管理者要多问"为什么"，以此来帮助自己深入地思考和分析。比如，这些项目是由哪些人完成的？他们在做项目的时候用了什么方法？他们为什么要用这种方法？在做这件事情的时候，他们在思考什么？做这件事情，对客户有没有好处？在不断追问的过程中，管理者往往就能够"追"到问题的本质。

管理者在做工作复盘的时候，要从团队和个人两个角度来了解现状。例如，我一般会先从团队方面了解情况，并从团队建设和团队价值观两个角度进行提问。

在团队建设方面，我会问如下问题。

在上一个工作阶段中，你的团队表现如何，团队中的每个成员表现如何？

　　在培养员工的过程中，你认为哪些人是晋升的后备人选？

　　你对他们做了怎样的培训动作？这些培训动作的周期是多长？

　　你对员工具体培训了哪些业务技能？

在团队价值观方面，我会问如下问题。

　　你团队中每个人的价值观是否与公司匹配？

　　团队中的成员是否有抱怨工作、违反公司规定的现象出现？

　　团队中是否有不执行命令或执行不彻底的员工？

在了解到管理者所属团队当前的整体情况后，我会开始针对做工作复盘的管理者个人进行提问。

　　你的工作策略是什么？

　　你的团队建设理念是什么？

　　你的价值观是什么？

　　你在管理过程中为什么这样做而不是那样做？

　　通过一个个问题挖掘管理者内心的想法，这样一来，上级领导就能全面地掌握团队的现状，以及管理者的工作进展，并对这些问题有了更清晰的认识和见解。

总结过去

工作复盘旨在让员工得到提升和成长。对过去的总结能够为未来打下良好的基础，否则一切都将是"无源之水，无本之木"。当团队从过去的经验中不断沉淀解决问题的方法时，这就会使工作流程得到迭代和升级，最终收获令人惊喜的结果。

工作复盘的总结过去分为两个层面：第一，积累成功经验；第二，分析问题原因。

管理者需要围绕员工的目标、过程、结果、成长等方面进行深入了解和分析，探寻其中是否存在成功的经验和值得大家学习的地方。如果有，管理者需要对其进行深入的讨论，思考如何将这些成功经验总结并积累下来，同时复制到其他员工身上。管理者要注意，找到成功经验只是开始，将成功经验继承和发扬才是关键。

阿里巴巴有一个传统，在每次工作复盘后，公司总要安排许多分享会，让那些在上一阶段获得优异成绩的员工将自己的成功经验传授给其他人。这样做一方面能够为员工提供展示自我的舞台，让优秀的人获得领导的当众表扬，激发他们继续前进的动力；另一方面能够使好的方法在团队中得以不断复制和传播，从而提升更多人的绩效水平，让团队的战斗力更强。

记得刚刚入职阿里巴巴的时候，在每次分享会上我都十分羡慕站在讲台上的人。他们脸上的喜悦深深地打动着我。每次分享会结束后，我都暗暗下定决心，一定要做出优异的成绩，早日站在讲台上分享自己的经验和方法。当时，他人的成功经验成为我追求目标、渴望成功的动力。

在总结成功经验的同时，管理者还要直面问题，并且分析出现问题的原因。在阿里巴巴有句俗话："哪怕是毒草也要长在阳光下。"面对问题管理者不能回避，要让问题暴露在"阳光"下，这样管理者才有机会分析出问题的原因，找到解决方法。

在为企业做管理咨询的时候，我发现许多管理者喜欢"粉饰太平"，害怕将员工和团队的问题暴露出来。他们担心这些问题会影响团队氛围，打击员工的自信心，让团队成员产生怀疑和不信任感。

面对这样的情况，我常常会说："如果不将问题暴露出来，就会引发员工无端的猜测，这才是破坏团队氛围的根源。团队和谐到一定境界，也就危险到一定境界。管理者要直面问题并解决问题，这样才能让沟通变得直接、高效、简单，才能从过去的经验中积累旧方法，获得新方法。"

发现问题再分析问题是总结过去的一个重要方法。因此在工作复盘的过程中，管理者先要和员工一起找到问题，并且通过充分的沟通、讨论，对同一个问题达成共识，之后再坦诚地分析问题出现的原因。

员工要培养自己向"过去"学习的能力。在我看来，"可沉淀"就是多，"不重来"就是快。总结过去就是一个不断沉淀方法、从错误中找到正确方向的过程。

提升未来

提升未来是工作复盘的一大目的。如果员工只去了解和总结，却没有积累和改变，工作复盘就会失去价值。通过了解现在和总结过去，团队已经获得很多经验并找到很多问题。接下来，团队要将好的经验进行沉淀和复制，并针对出现的问题探索出新的方法，最后通过调整内容制订好下一阶段的工作计划。

在工作复盘的过程中，管理者要做到以下3点来达到提升未来的目的。第一，管理者要将总结出来的经验和方法放到未来的场景中进行充分讨论，综合评估其可行性，最后形成有效的方法；第二，管理者要制订出下一阶段的业务目标和达成目标的策略，确定影响结果的关键动作要如何执行，如项目启动会议如何召开，团队如何搭建，人员如何分工，过程数据如何设置等；第三，管理者要制订员工成长和培养计划，明确员工要为个人成长具体做哪些事情。做好以上3点，管理者就可以在一定程度上对下一阶段的业务目标、达成策略和员工培养有一个良好的预期和把控，做到胸有成竹。同时，在工作复盘的过程中做好下一阶段的计划，还能让管理者在下次的工作复盘中对目标和过程的完成程度有一个明确的判断标准，做到"丑话当先，不秋后算账"。

借事修人

很多管理者都非常重视绩效考核制度，认为只要设置好绩效考核机制，就能让员工自觉地调整自己在工作中的行为来满足管理者的期望和需求。这种想法是对绩效管理的片面理解。

有些公司常常用冰冷的数据和指标来评判员工的工作，用罚款的形式约束员工的行为，但忽视了沟通和辅导的意义和作用。管理更重要的是辅导和培养，考核只是辅助手段。如果管理者在日常工作中对员工缺乏辅导，但在员工工作不达标的时候进行惩罚，这样只会伤害员工的积极性，阻碍他们的成长，破坏团队的氛围，牺牲团队的发展时间。

公司进行绩效管理的目的是帮助员工成长，而不是设定出各种考核指标来对员工评头论足，将他们划分成"三六九等"。因此，管理者不能用简单的绩效考核来代替类似复盘工作法的反馈工具。

阿里巴巴讲究"虚事实做，实事虚做"，复盘工作法就深刻地体现出这一点。对企业来说，使命、愿景、价值观等文化层面的因素是"虚事"，但是管理者能够通过复盘工作法这一工具对这些"虚事"进行打分、评判，将"虚事实做"，加深员工对企业文化的认识。

阿里巴巴的双轨制绩效考核制度，会从业绩和价值观两个维度考核员工，两个维度的考核指标各占50%。在阿里人看来，绩效是建立在文化和价值观之上的。所以，阿里巴巴会通过工作复盘对员工的价值观进行考核，避免公司文化形同虚设，这便是其"虚事实做"的价值所在。

而绩效考核又是一件"实事"，用来评判员工是晋升、加薪还是被淘汰。在许多人看来，这种形式是冰冷无情的，但复盘工作法能把绩效考核这件"实事"进行"虚做"处理。

管理者要让员工明白，参加工作复盘的目的不是晋升、加薪，不是拿到更多的奖金，也不是避免自己被淘汰，而是通过清晰的反馈发现自己的优势和不足，看到自己成长的空间和成功的希望，进而激发自己工作和学习的动力和热情。

管理者要明白，如果仅把复盘工作法当作简单的绩效考评工具，就会丧失许多更为核心的价值。其实，绩效管理的底层逻辑叫"激励人心"。因此，工作复盘的目的不是考核绩效，而是帮助员工成长。这便是一个借事修人、借假修真的过程，是在借业务的"假"修人的"真"。

管理各项事务都要经历一个由事及人的过程。在工作中，员工无论是做销售还是做产品，其最终的目标都是通过工作磨炼、塑造一个强大的自我。因此管理者要明白，做业务是"假"，修人才是"真"。管理者只有不断帮助员工成长，才能达成想要的目标。

在一定程度上，复盘工作法本质上是一个借事修人的工具。管理者通过工作复盘帮助员工剖析自身问题，找到改进方法，编制工作规划，最终获得成长，从而达到"修人"的目的。

虽然工作复盘的过程十分痛苦，但它能磨炼员工的能力，帮助他们突破自我局限，看到前进的方向，从而在工作中更加得心应手。这就是阿里人常说的："在用的过程中养人，在养的过程中用人。"

如果管理者只关注业务层面有没有拿到结果，就会忽视对员工的激励和培养，如此一来，员工的动力和激情就会慢慢消失。特别是现在95后、00后的员工越来越多，他们进入职场更多是为了实现自己的个人价值。所以，管理者只有点燃员工心中的那团火，才能帮助其成长，进而提高组织效能。工作复盘的目的就是通过对业务的考察，引导员工更好地发挥自己的价值，找到自己喜欢与热爱的工作，最终获得自我价值的感知。

　　了解工作复盘的四大目的，能够帮助团队认识其底层逻辑，从而不被种种形式和流程误导，让团队能够真正将复盘工作法用到极致，帮助组织焕发活力、提高效能。

第 2 章

如何提高
工作复盘的质量

如何才能做一场高质量的工作复盘？许多管理者都有这样的疑问。在刚刚接触工作复盘时，管理者往往会遇到"面对海量数据无从下手"，"提出的问题都无法戳中员工的痛点"，"不知道自己是在给员工复盘，还是员工在给自己复盘"等问题。为了避免这些问题发生，管理者需要了解工作复盘的三大角色、三大原则和三大标准。

工作复盘的三大角色

一场高质量的工作复盘需要有3种角色发挥作用，分别为引导者、指导者和陈述者。在工作复盘中，管理者主要站在引导者和指导者的角度协助员工完成工作复盘的整体流程，并在这个过程中帮助员工发现问题、解决问题。管理者则需要引导员工站在陈述者的角度，向管理者和HR（人力资源）展示上一阶段的工作过程和结果，以及下一阶段的工作目标和规划。管理者和员工只有承担各自的角色，发挥出各自的功效，才能高质量地完成工作复盘。

引导者

在工作复盘中，管理者有一个很重要的角色就是引导者。引导者有两项工作，一是引导员工顺利完成工作复盘的整个流程，二是引导员工真实地展现工作情况。

引导员工顺利完成工作复盘

要想引导员工顺利完成工作复盘，管理者要在工作复盘前和HR进行深入沟通，确定其整体流程细节，并规定好每个环节的用时，从而保证工作复盘高效进行。然后，管理者要将工作复盘的具体事项告知员工，如需要准备哪些陈述内容，材料应以什么形式呈现，工作复盘的时间和地点安排等。

在工作复盘的过程中，管理者根据事先规划好的流程一步步引导员工进入各项环节。比如，在工作复盘正式开始前管理者可以主动和员工聊天、开玩笑，放松一下对方的心情。在工作复盘开始后，管理者先让员工进行工作陈述，然后针对对方的工作结果给予清晰的评价。之后，管理者要针对员工的表述内容进行提问，找出员工的问题并给出改进建议。最后，管理者要和员工一起制订改进计划，并告知对方工作复盘后的监督、辅导机制是什么，做到"丑话当先"。管理者要以引导者的身份带领员工完成工作复盘的整个流程。

引导员工真实地展现工作情况

员工的表述很可能无法将真实的问题暴露出来。这时，管理者要通过提问的形式引导员工继续表述，直到对方将工作细节清晰、立体地展现出来。在这一过程中，管理者要做到"三分提问，七分倾听"，以员工为主，以支持和协助为初心。管理者要通过认真倾听来赢得员工的尊重和信任，从而使之后的沟通更加顺利。

特别要注意的一点是，管理者要抱着鼓励的心态让员工尽可能多地表达，帮助对方建立表达的信心和动力。管理者可以用"很好，继续说""说得不错"等话语引导员工，切不可用消极的语气打断员工或打消对方继续表达的勇气。否则，管理者将无法获取准确的信息，而真实的问题也会被"埋藏"在失败的沟通之下。

在工作复盘中，管理者不能成为令员工恐惧的"批判者"，而应成为让员工看到方向的"引导者"。只有这样，员工才会信任管理者，才会真正敞开心扉与其进行反馈和沟通。

指导者

除了引导者，管理者还要承担起指导者的角色。引导者像是工作复盘中的指挥，负责调整流程，引导员工真实地展现工作情况；指导者则更像教练，他的作用是针对现状指导员工解剖问题并找到改进方法。

管理者要明白，工作复盘的主要目的不是考核员工，而是帮助员工解决问题并且得到成长。因此，指导者有3个功能，一是帮助员工找出问题，二是帮助员工解决问题，三是为员工指明前进的方向。

帮助员工找出问题

管理者有责任和义务帮助员工找出问题，只有这样员工才能清楚地认识到自身缺点，并努力进行改正。员工的成长，也将提高管理者团队的"战斗力"，最终获得想要的结果。这是一个"成人达己"的过程——通过成就员工来实现管理者自己的目标。

当找出员工问题的时候，管理者要明白批评只是手段，而不是目的。管理者的目的是让员工认识到问题的严重性，让他们产生改进的动力。这就像医生问诊，当发现患者是因为个人的不良生活习惯导致病情加重的时候，医生会明确地指出这一问题，并且告知患者再这样下去的后果是什么。

医生的初心是帮助患者治疗病情，恢复健康。管理者就像医生一样，通过自己的专业知识和经验诊断员工在工作上的"病症"，探究产生"病症"的原因，然后告知对方再这样下去将要面对的结果是什么。这样做的目的是让员工改善工作方法，提高个人绩效水平，使个人能力更好地得到提升。

因此，管理者要避免把手段当成目的，要以支持和协助为初心，帮助员工更好地认识自己。

帮助员工解决问题

在帮助员工找出问题后，管理者还要协助员工解决问题。管理者只有为员工提供治疗工作"病症"的"良药"，才能帮助员工从根本上解决问题。

帮助员工解决问题的关键一步是员工与管理者能否就问题达成共识。有些时候，管理者找出的问题并不一定会得到员工的认同。比如，管理者认为员工产出的成果数量不够，员工却认为追求数量会让质量降低。这时，管理者需要通过数据和案例证明自己的观点，而不是用自己的"权威"胁迫对方认同，管理者要做到让员工"心服"而不是"口服"。必要之时，HR可以用第三方的视角进行判断，给出真实的反馈，并做出合理的"仲裁"，保证工作复盘继续进行。

管理者和员工在对问题的看法达成一致后，双方就要开始针对问题的解决方法进行深入的沟通。管理者首先要引导员工思考，让员工自己尝试找出改进方法，培养员工的主观能动性，而不是直接将解决方法全盘抛给员工。

我们知道，人们对自己找到的方法理解会更深刻，使用起来也更加得心应手。因为在面对别人提供的方法时，人们首先会经历一个认同的过程，然后是理解，最后才是使用。这一过程不仅效率较低，而且一旦某一环节出现问题就会导致方法失效。

因此在帮助员工解决问题时，管理者应尽可能以员工为主，多去鼓励、引导对方主动找方法，并在员工遇到阻碍时给出经验和建议。管理者要成为员工的导师，而不是高高在上、下达命令的人。只有这样，员工才会解除心理防御，愿意与管理者沟通，倾听管理者表达的观点。

为员工指明前进的方向

赋能是工作复盘的重点。作为指导者，管理者要为员工指明前进的方向，帮助对方看到工作的价值与意义，找到自己喜欢与热爱的领域，看到自己的职业前景和公司的发展前景。在阿里巴巴还有句话："每一个员工内心都有一团火，管理者不能只是看到一股烟。"管理者要帮助员工点燃心中的那团火，让他发自内心为自己的成长和梦想负责。

"最好的领导是做心灵的导航仪，而不是做赶车人。"在工作复盘中，管理者不能只关注员工的任务有没有完成，还要为员工提供方向和指引，帮助员工从困惑的迷雾中走出来。

陈述者

在工作复盘中，员工主要承担陈述者的角色。管理者需要引导员工从结果、过程、规划3个角度，真实、全面、完整、清晰地向管理者和HR展示自己整体的工作情况，从而根据工作情况做出准确的评估、判断和反馈。

对于员工需要在工作复盘中表述哪些内容，我会在后文进行详细阐述。在此，我想重点说一说员工在工作复盘中应如何表达才能正确展现自己的工作，准确传达自己的想法，告知管理者自己的需求。

正确展现自己的工作

在工作复盘中，员工正确展现自己的工作是一件非常重要的事情。许多员工工作十分努力、认真，却在工作复盘时显得过于谦虚，不好意思将自己的工作成果展示出来。还有些员工平时工作马马虎虎、得过且过，一到工作复盘的时候忽然变得巧舌如簧，粉饰自己的工作结果以邀功请赏。这两种员工的行为都需要杜绝和避免。

工作复盘很重要的一点是实事求是。管理者要让员工明白，展示工作情况的目的是让管理者和 HR 准确地了解员工的真实状况，给予员工公正的反馈，并告诉员工哪些部分是好的需要保持，哪些部分是不好的需要改进。只有这样员工才能通过他人的视角更加清晰地认识自我，从而获得成长。

在工作复盘中，员工要想正确展现自己的工作，需要做到以下两点。

多使用数据以量化工作情况

管理者在评判员工工作的时候，大多会有清晰的判断标准。因此，员工只有尽可能地将实际工作情况进行量化，使用数据进行呈现，才能帮助管理者更快、更精准地将实际工作情况和判断标准对应起来，从而得到更为准确的评判。

另外，数据是较为直观、准确的信息传递方式。在表述工作的过程中，员工展示一大段文字或说出一大段话，可能都不如一组数据更能让管理者明白工作的结果是好是坏。从管理者的角度来看，员工展示了大量的文字内容，虽然其对待工作复盘的态度很认真，但是为管理者提取有效信息带来了障碍，进而管理者会质疑员工的总结和提炼能力。

因此，员工在工作复盘中通过多列举数据来展示自己的工作结果和过程十分重要。那么，员工应如何量化自己的工作情况？

员工又是否需要将所有数据进行呈现？

在工作复盘时，员工首先要呈现的是结果数据，其次是过程数据。结果数据可以是销售岗位的销售额、设计岗位的作品数量、产品岗位的开发进度、服务岗位的用户满意度等。工作结果很好量化，但工作过程的量化需要员工进行一些思考。

员工先要明确哪些工作过程重点影响了工作结果。比如，员工每天要做 5 项工作，但这 5 项工作并不一定都影响这一阶段的工作结果，如员工不能说促进业绩目标达成的工作过程之一是培训新员工上岗，虽然员工做了这项工作，但是它和结果数据并不匹配。

员工要量化的是那些影响最终结果的工作过程，如客户拜访情况可以量化为客户拜访量，产品开发过程可以量化为实际工期等。员工将这些影响结果的关键过程进行量化后再呈现给管理者，这样能够帮助管理者更好地找出问题并提出改进建议。管理者可以在工作复盘前辅导员工量化自己的工作情况，帮助他们在工作复盘中更好地进行表述。

多展示案例以还原工作情境

除了数据展示，员工还要用实际案例来还原工作情景，帮助管理者站在员工的视角了解真实情况。工作案例的选择要具有典型性、代表性，员工最好能通过 1~2 个案例就将某项工作的整体情况概括出来。

一个刚入职的应届生的工作结果并不理想。在工作复盘的时候，他举出了一个工作案例来说明工作结果不好的原因。

原来，他在学校学习的专业和现在的岗位并不匹配，所以工作时，他先要查阅相关的专业书籍，学习其中的知识要点，然后才能进行实际操作，这在很大程度上影响了他的工作效率。管理者通过这个案例了解到对方的实际工作情况，在工作复盘后增加了对这名员工的专业辅导时间。

很多时候，管理者并不清楚员工在工作过程中具体发生了什么。所以，员工要在工作复盘时通过工作案例来让管理者了解实际情况，并获得相应的支持和帮助。

准确传达自己的想法

人们常说："世界上有两件事最难，一是把别人的钱放在自己的口袋，二是把自己的想法放入别人的脑袋。"由此可见，在工作复盘时，员工准确传达自己的想法很重要，这需要员工掌握正确的方法和技巧。因为工作复盘是一个双方沟通的场景，如果员工不能将自己的想法准确地传递给管理者，就容易造成一些误解。

小明在公司中被认为是最厚道的人。因为，许多同事会将自己的工作交给小明去做，小明由于性格腼腆不知如何拒绝。但是，这些工作严重影响了小明自己的工作进度。于是，他希望在工作复盘的时候将这种情况委婉地透露给管理者，希望对方能帮助他处理这种情况。

小明：我在上一个工作阶段都做了如下事情……

管理者：你做的工作很多，为什么工作结果却不尽如人意？

小明：我认为自己做的很多事情与最终的结果并没有太大关系。

管理者：那你为什么要去做这些工作呢？

小明开始暗示管理者真实的情况：其实这些工作不是我的……但是公司有一条价值观叫团队合作……我认为帮助其他同事完成工作也是一件正确的事……

但是管理者并没有察觉到小明的暗示，反而开始批评小明：帮助他人的前提是自己的工作也能够顺利完成。团队合作的目的是让我们的工作效率得到提高，而不是连自己的工作都无法完成。对于这点你要深刻地反省，重新认清自己的工作目标！

小明：……

在上面这个案例中，小明原本想要寻求管理者的帮助，但是因为没有准确传达自己的想法，导致管理者误认为小明对团队合作的理解不正确、目标感不强。最终，小明得到的是并不符合实际情况的批评和建议。如果小明不去进行暗示，而是直接将真实情况表述出来，那么管理者很可能会为他提供一些"如何拒绝他人无理要求"的建议，也会在工作复盘后帮助小明，防止这种情况再次发生。

有些员工在进行陈述的时候喜欢绕弯子，将真实信息隐藏在话语背后，总想用暗示的方式让管理者明白自己的意图，认为这是一种"含蓄"和"委婉"的品性。但是，这种品性往往会降低沟通的有效性。员工不能寄期望于管理者能直接领会那些"拐弯抹角"的表述，而且对方一旦对这些表述理解有误，就会导致沟通失败。

所以在工作复盘中，员工要用直接、准确的语言进行表述，要以简单开放的心态来面对工作复盘，这样才能获得管理者正确的评价和指导。

告知管理者自己的需求

很多时候，员工在工作中会遇到无法解决的问题，这时就需要管理者进行支持和协助，而工作复盘就是员工向管理者寻求支持的恰当方式。员工在告知管理者自己的需求前，首先要从自身角度出发考虑这一需求的合理性。

员工所需的支持不仅要和工作目标相统一，同时还要符合公司当前的业务战略。只有符合这两点，员工的需求才更容易得到满足。比如，当前公司在缩减开支，员工却在工作复盘中提出增加项目资金投入的需求。这样的需求与公司的整体业务战略相违背，也就很难得到支持。

在明确自己的需求后，员工需要在工作复盘中勇敢地将这些需求告知管理者。这样，管理者才能明白需要分配哪些资源来帮助、支持员工达成目标。员工可以通过拟定需求清单的形式让管理者更加直观地看到自己所需的支持。

在工作复盘中，员工需要通过清晰、明确的表述来正确展现自己的工作情况，准确传达自己的想法，告知管理者自己的需求。管理者也可以将上文提到的方法教给员工，以事前辅导的形式帮助员工做好陈述者这一角色。

在工作复盘中，管理者和员工要各司其职，以成长为最终目的，相互支持地完成整个过程，在彼此的沟通中取得信任、获得提升。

工作复盘的三大原则

一场高质量的工作复盘能够为员工提供方向和方法，给予员工行动的力量和前进的信心。作为管理者，要想做好一场高质量的工作复盘，需要遵循三大原则：三分提问，七分倾听；敢于棒喝，乐于赞美；进门有准备，出门有力量，过程有痛苦，每次有期待。这三大原则是指导管理者发挥复盘工作法真正价值的"法宝"。

三分提问，七分倾听

复盘工作法讲究"三分提问，七分倾听"，以员工为主，以支持、协助为初心。在工作复盘中，管理者要多以提问的形式鼓励员工进行表述，引发员工深入思考，帮助员工找到问题和改进方向。管理者要以支持、协助为初心，多倾听员工的想法，不可以先入为主地做出判断，不要自说自话地阻碍沟通。这样管理者才能帮助员工发自内心地改正自己的问题，进而使其获得成长。

有些人会认为，提问和倾听很容易，不就是向对方提问题然后听对方的回答吗？从字面上我们可以这样去理解，但是在很多时候，糟糕的提问方式和倾听习惯会阻碍人们的沟通，造成适得其反的效果。所以"三分提问，七分倾听"说起来简单，做起来却很难，这需要管理者拥有良好的沟通技巧。只有管理者和员工双方学会如何提问和倾听，才能让沟通变得顺畅、有效。

避免质疑式提问

什么是质疑式提问？我们可以看看下面几句话。

你觉得这种方法是不是比你的更好？
你怎么能这样做呢？
你怎么不多考虑一下团队呢？
你为什么不更深入地思考一下？
你为什么不改掉这个坏习惯？
你为什么不去试试那种方法呢？

我相信，员工都会在生活中遇到许多类似的提问。当面对这些问题时员工会有怎样的感受？我想，大多数员工会觉得自尊心受到了伤害。因为这些提问更像是质疑、指责、批评和命令。那么，员工会去认真回答这些问题吗？我想并不会。在面对这种提问时，员工要么沉默不语，要么极力辩解，而许多沟通都是在质疑式提问中结束的。

在工作复盘时，管理者要尽力避免这种质疑式提问，不要像警察审讯犯人一样盘问员工。这不仅会打消员工表达的积极性，还会极大地伤害他们的自尊心和自信心，让他们对自己产生严重的质疑。管理者提问的目的不是让员工自责，而是让他们深入思考，发现自身存在的问题，并从自己的主观意识出发进行改变。

质疑式提问的另一个特点就是具有很强的主观性。还是回到刚刚那几句话，我们发现这些问句其实都可以转换为陈述句。

> 我觉得这种方法比你的更好。
> 你不能这样做。
> 你应该多考虑一下团队。
> 你要去深入地思考一下。
> 你要改掉这个坏习惯。
> 你应该去试试那种方法。

这样看来，这些语句实际上是提问者在表达自己的建议和看法，而不是在询问对方的想法，这并不符合"三分提问，七分倾听"的原则。在工作复盘中，沟通的目的是让双方对问题的看法和解决方式达成共识，而不是管理者直接将自己的解决方法以命令的口吻告诉员工。因此，管理者在工作复盘时要时刻提醒自己，不要让提问变为质疑和命令。

多用启发式提问

在工作复盘中，好的提问方式能够唤醒员工的内在动力，让员工愿意从内心深处改变自己。管理者要学会用启发式提问引导员工深入思考，让员工发现问题并找到解决方法。这样员工就会明白管理者是站在自己的角度给予支持，进而对管理者产生信任和感激。

那么，什么样的提问算是启发式提问？启发式提问具有很强的开放性，并没有明确的标准答案，其目的是让员工陈述事实和想法，并在这一过程中引发自我反思，关注并思考自己原本没有意识到的问题。比如下面这些问题就是启发式提问。

> 你的职业发展规划是什么？
> 你3个月内的目标是什么？
> 为了实现这个目标，你做出过哪些努力？
> 你打算如何完成这个项目？
> 如果过程中出现问题你准备如何应对？

可以发现，当员工试图回答这些问题的时候，首先要做的就是将视角转移到自己身上，审视自己的行为和想法，然后再进行回答。

在这样的过程中，员工已经不知不觉地开始自我反思，发现并认同问题的存在。这也是为什么许多优秀的管理者能够通过不停的追问让问题的本质暴露出来，并且让员工从心底里承认这些问题，甚至引导员工自己找到解决问题的方法。

启发式提问可以让员工明白自己才是存在问题并且需要解决问题的一方，进而激发他们主动思考。有些员工会寄希望于管理者直接给出解决问题的方法，而不会进行思考，这是因为他们缺乏足够的自我认知，也没有意识到问题的责任方是自己。即使管理者给出方法，问题依然不能得到解决。因此，管理者要通过启发式提问让员工将思考的视角回归自身，从自我出发认清事实、发现问题并思考解决问题的方法。

下面，我将列举一些启发性的问题，为管理者提供参考。

问目标：
你下个月的目标是什么？
你想在这一领域做到什么程度？
你想要实现哪些目标？
你想要打造一支怎样的团队？
你预计什么时候实现目标？
…………

问现状：
你的工作状态如何？
在工作中你遇到了什么问题？
你为自己的成长做过什么？
哪些工作让你感到难以应对？
出现问题的原因是什么？
…………

问方法：
你准备怎么做？
你打算如何解决这个问题？
达成目标的策略是什么？
你的策略存在哪些风险？应对风险的方法是什么？
除此之外，还有没有其他方法？
……

在工作复盘中，管理者要多用启发式提问让员工认清自我，寻找解决方法，进而激发自我改变的动力。

学会倾听

我们从"三分提问，七分倾听"这句话可以看出，倾听在工作复盘中占据着很重要的位置。良好的倾听是沟通的基础，管理者只有重视倾听的作用，才能让沟通达到理想的效果。

但是在实际的工作复盘场景中，有些管理者常常因为急于指出问题、提出建议而打断员工的表述。这样做很容易让沟通陷入僵局，也不利于员工发现问题的本质。管理者要明白，员工充分的表述可以提供大量有价值的信息，而这些信息是管理者判断员工工作情况和价值观的重要依据。

有一次，我到一家企业做管理培训，在培训结束后一位管理者找到我，说员工做工作复盘时，氛围总是死气沉沉的，而且员工的表述也不积极，很难发现核心问题。于是，我就让他列举了几个具体的案例。

通过案例我发现，原来这位管理者特别喜欢挑员工的毛病。在员工表述环节中，只要他听到有问题的地方就直接打断员工，并把问题指出来。一来二去，员工失去了表达的兴趣和动力，生怕说错话会被管理者批评，慢慢变得能少说一些情况就少说一些，而且总是挑些细枝末节的东西来搪塞管理者。

我问管理者："为什么不能等员工说完再给出评价和建议呢？"

管理者说："我打断员工说话，是想引起他们的注意和重视，让他们明白这项工作的重要性。"

我说："打断员工的表述，不仅不能引起他们的重视，还会让他们产生逆反心理。这样你想要强调的事情反而会成为他们想要对抗的东西。"

听了我的话，管理者回到团队后开了一场"裸心会"。会上，许多员工都指出在和这个管理者沟通的时候感受不到尊重，希望他能改一改打断别人说话的毛病。于是在之后的工作复盘中，这位管理者努力克制自己的表达欲，认真倾听员工的表述。这时，他发现员工更乐于和他交流，并且愿意坦诚地将自身的问题暴露出来。

如果管理者总是打断员工，就会打消他们继续表述的积极性，从而让许多更有价值的信息隐藏起来。因此在员工进行表述时，管理者要做到"放下自我，置身事外"，给予员工足够的尊重，通过倾听来收集信息、发现问题，赢得对方的信任，从而更好地看清事物的全貌。

"放下自我"是指管理者要在员工表述时放下自己的偏见和情绪，克制打断和反驳对方的欲望，不随意发表意见和看法，而是耐心倾听员工所说的话。

"置身事外"是指管理者要将自己抽离出事情本身，以旁观者的身份站在全局角度倾听员工的表述，这样才能更加客观地看待事物，更加理性地思考问题。其实，管理者只要抱着支持、协助员工的心态倾听员工的表述，就能够做到这一点。

当然，倾听并不意味着管理者只听员工的表述，而不做其他动作。管理者可以通过适时的提问来确认一些重要信息或帮助员工打开思路。这种及时的反馈可以向员工传递出管理者在认真听他讲话这一信息，让他感受到管理者的尊重和支持，从而更加积极地进行表达。管理者也可以通过点头、微笑等动作给予员工反馈，鼓励对方继续说下去。

管理者需要通过不断的磨炼和沉淀，才能对"三分提问，七分倾听"有更深的感悟。希望管理者都能认真践行这一条原则，让工作复盘成为转变员工意识、高效收集信息的重要形式。

敢于棒喝，乐于赞美

在工作复盘中，管理者既要敢于棒喝，又要乐于赞美。棒喝可以警醒员工认识到自身问题，进而努力改正；赞美可以帮助员工树立信心，激发前进动力。管理者不能因为怕"得罪人"而不敢指出员工的问题，也不能忽视赞美的力量令员工缺乏安全感。

"敢于棒喝，乐于赞美"在阿里巴巴又叫"不断给药的过程"，是管理者给予员工真实反馈的标准。"药"又分为"猛药"和"慢药"，棒喝是"猛药"，赞美是"慢药"。管理者要根据不同对象来给不同的"药"。对于有些员工，管理者需要进行棒喝，只有"给猛药"才能令其成长；有些员工则需要管理者多进行鼓励和赞美，用"慢药"来激发他们的动力和潜能。同时，管理者还要根据不同的情况来给员工不同的"药"。那么，管理者具体应该如何"给药"呢？

首先，管理者要分清哪些员工能够"给猛药"，哪些员工能够"给慢药"（见表2-1）。

表2-1　可以棒喝或赞美的员工类型

可以棒喝的员工类型	可以赞美的员工类型
开朗 乐观 经得起"棒杀" 已经建立底层信任	善于自省 经得起"捧杀" 还未建立底层信任

那些具备开朗、乐观的特质，经得起"棒杀"，已经和管理者建立起底层信任的员工可以"给猛药"。这样的员工一方面会明白管理者的棒喝是在帮助自己成长，另一方面也拥有足够的抗打击、抗挫折能力，不会展现出"玻璃心"，也不会因为听到尖锐的话语而伤心落泪。

那些善于自省、经得起"捧杀"或还未与管理者建立起底层信任的员工可以"给慢药"。善于自省的员工会时刻反思自己的问题和不足，出现错误或缺点时只要有人稍加提醒就会改正。但是，他们有时也会因为自己造成的问题而内疚。面对这样的员工，管理者要多进行赞美和鼓励，提高他们的自信心，不要让他们的自省变为过度的自责，进而演变为否定自身价值的心理。

经得起"捧杀"的员工在面对管理者的赞美和表扬时依然可以保持平和的心态，不会被这些外界的声音冲昏头脑，不会变得骄傲、自满而放松对自己的要求。当这样的员工做出成绩时，管理者可以放心大胆地进行赞美，为对方提供充足的前进动力。

那些入职公司不久的员工与管理者并未建立起足够的底层信任，因此，管理者在看到对方优点或成绩的时候可以多进行鼓励和赞美，一方面能够提高他们的自信心，另一方面能够与他们建立良好的信任感。

当然，这样的分类并不绝对，管理者还要结合实际情况，合理地运用棒喝和赞美（见表2-2）。

表2-2 需要棒喝或赞美的情况

需要棒喝的情况	需要赞美的情况
员工反复出现同样的错误却不自省 员工凭运气取得成绩却沾沾自喜 员工因骄傲自满而忽视风险 员工有触碰公司制度、价值观底线的倾向 ……	员工通过努力达成目标 员工工作实现重大突破 员工价值观与公司相匹配 员工的工作结果虽然离管理者的期望还有一些距离，但其工作认真努力、积极向上，对自己的成长负责 ……

当员工反复出现同样的错误却不自省时，管理者需要进行棒喝，帮助对方从根本上认识自己的问题并加以改正。必要的时候，管理者可以让员工签署问题改进书，如果对方仍然无法改进，管理者就予以相应的惩罚。

当员工凭运气取得成绩却沾沾自喜时，管理者要给对方"泼一盆冷水"，并指出运气不会常伴左右，一切凭运气换得的结果早晚都会因为认知和能力的不足而消失。管理者要及时警醒员工，让对方看到成功背后隐藏的巨大危险。

当员工因骄傲自满而忽视风险时，管理者要用棒喝的形式让对方看到策略、方法下的危机。

当员工有触碰公司制度、价值观底线的倾向时，管理者要及时指出，予以警告，并严肃、明确地强调触碰底线的后果是什么，做到"丑话当先"。

另外，在棒喝的时候，管理者要做到"对事不对人"，切勿进行人身攻击，否则就会从根本上否定员工的价值，严重打击对方的自信和尊严，甚至可能让他一蹶不振。棒喝的出发点是帮助员工成长，目的是让员工发现问题，管理者切不可本末倒置。

当看到员工的优点、成绩和成长时，管理者要"乐于赞美"，给员工积极、正面的反馈，让员工认识到工作的价值与意义，从而激发其工作的热情和前进的动力。在对员工进行赞美的时候，管理者不仅要表扬，还要说出表扬的原因，这样才能让员工知道哪些行为是对的，应当继续保持。

在美国管理大师肯·布兰佳和畅销书作家斯宾塞·约翰

逊合著的《一分钟经理人》中有这样一个案例。一个经验丰富的管理者在管理刚入职的员工时，每当员工做出一件正确的事，他都要花费一分钟表扬对方所做的事情与公司的价值观相吻合。作者认为管理者的时间非常宝贵，所以对这样的行为有些不解，于是问这名管理者这样做的意义是什么。管理者说："我表扬了他，他就会知道这样做是对的，以后还会继续这样做。如此一来，我需要操心的事情就又少了一件。"

从上面的案例中可以看出，管理者不仅要乐于赞美员工，还要让员工知道哪些行为会得到赞美。比如在工作复盘中，管理者要告诉员工"因为你通过努力达成目标"，"因为你的工作实现了重大突破"，"因为你的价值观与公司相匹配"，所以要赞美他。这样员工得到的反馈将更加清晰，努力的方向也将更加明确。

再比如，员工虽然存在不足但也有值得表扬的地方时，管理者要告诉对方："虽然你的工作结果离期望还有一些距离，但是因为你工作认真努力，态度积极向上，并且对自己的成长负责，所以我还是要赞美你。我相信，你只要继续保持这些优点，就会得到好的结果。"

这样的反馈可以让员工明白，自己的哪些优点只要继续保持，就可以达到管理者的期望。如果管理者只赞美却不说原因，只说类似"你的表现很好"这样的话，员工就会一头雾水，会想"为什么我没有达成目标还能得到表扬"，而这样赞美的价值就会失效。

赞美和棒喝就像鲜花与拳头。管理者要知道在什么情况下给员工送上"鲜花",给予其最好的赞美和鼓励;什么情况下用"拳头"敲醒员工,让他清楚地认识到自己的问题和缺点。

阿里人常说:"对得起好的人,对不起不好的人。"管理者不能把"鲜花"送给不思进取、破坏团队氛围的员工,也不能把"拳头"送给重视成长、努力拼搏的员工。管理者只有"不让雷锋吃亏",才能使团队健康向上地发展。管理者在"给药"的过程中要分清"给药"的对象,把握"给药"的时机,只有做到"对症下药",才能"药到病除"。

进门有准备,出门有力量,过程有痛苦,每次有期待

什么样的工作复盘是成功的?那就是能够让员工"进门有准备,出门有力量,过程有痛苦,每次有期待"的工作复盘,这也是它让阿里人又爱又恨的重要原因。

"进门有准备"是工作复盘成功的关键。管理者、HR和员工如果不在工作复盘前花费时间和精力进行充足的准备,那么这场工作复盘就会流于形式。在工作复盘前,员工需要准备好自我陈述环节的内容,在工作复盘的过程中通过表述来呈现真实的工作情况,为管理者和HR提供准确的判断依据。

管理者和HR则需要提前搜集员工的工作数据、工作案例,确认流程、时间、地点、谈话基调、谈话策略,从而在工作复盘中让沟通顺畅、有效,反馈清晰、准确,使工作复盘真正发挥出帮助员工认知自我、收获成长的价值。

"出门有力量"的意思是通过工作复盘，员工能够清晰地看到自己的问题和优势，同时带着方法和信心出门，并在未来的工作中落实改进方案，收获成长和成功。许多员工非常害怕工作复盘，畏惧自己的问题暴露在管理者面前而受到批评。管理者要在工作复盘中给予员工足够的力量，让对方明白发现问题并不可怕，重要的是找到解决问题的方法。

因此在工作复盘时，管理者要做到"三分提问，七分倾听"，给予对方足够的尊重，用提问去引导员工表达，鼓励对方发现问题并找到解决问题的方法。

工作复盘的力量来源于员工看到成长的可能和希望，找到改进的方法和方向。如果在工作复盘后，员工既不知道自己的问题在哪里，也不知道之后的工作要如何开展，只是受到了管理者的批评和指责，那么这场工作复盘就是失败的。我们要牢记"任何不能给员工赋能的工作复盘都是无效的"。

"过程有痛苦"并不是指受到批评时的痛苦，而是指员工认识并承认自己的问题、缺点和不足的这一过程十分痛苦。每个人都希望自己是完美的，不愿承认自己身上存在问题，也不愿面对这些问题所带来的糟糕影响，即使被人指出也会下意识地逃避或者反驳。

这就像有"拖延症"的人很难改掉这个坏习惯一样。虽然他们都知道拖延不是一件好事，但总会找出无数理由为自己辩解，比如"我还想再放松一下"，"我就再玩10分钟"，"我要先把这部电影看完，不然情节就不连贯了"，"我还有充足的时间，所以不着急"等。

他们常常试图为自己的拖延找到各种好处——能够让我放松，能够让我开心，能够让我享受当下的娱乐。但是，他们没有意识到"拖延只有坏处，没有好处"。拖延无法让人放松、开心和享受，只会带来截止日期前那些难以调节的压力和无法完成任务时的恐慌与焦虑。

"拖延没有任何好处"这一点是绝大多数"拖延症"者无法感知的一件事，因为承认它就意味着认同自己懒散、缺乏责任感、不想面对困难等缺点和不足。所以，人们想要摆脱"拖延症"，就要先正视自己的问题，然后认识到拖延所带来的不良后果，以及不拖延能带来提高工作效率、改善生活质量等好处。

这个例子说明了一个道理，很多时候一个人之所以无法摆脱自己的问题、缺点和不足，是因为他没有深刻地意识到这些不良因素会带来怎样的后果，也没有发现改变它们有什么好处。其实，所有问题的改进都是这样一个过程：人们要先认知并承认自己的问题，看到这些问题带来的不良影响，以及解决问题能够获得的好处，然后才能下定决心进行改正。

其中最难的一步就是认知并承认自己的问题。因为，这是一个从认清事实到自我否定的过程，会让人感到非常痛苦。但是，人们如果选择逃避痛苦，就无法得到成长。美国对冲基金公司桥水创始人瑞·达利欧在《原则》一书中写道："通过直面痛苦，你能把自己面临的矛盾和问题看得更透彻。反思并解决这些问题会让你更具智慧。痛苦和挑战越大，效果越佳。"

其实，工作复盘很重要的作用就是通过管理者的引导，让员工认同并接纳自己存在问题这一事实，并且使其认识到这一问题的存在"只有坏处，没有好处"，明白唯有解决问题才能获得成功的道理，这样管理者才能让员工从内心进行改变。

人们在面对自己时，总是愿意看到好的一面，甚至会编造好的一面，但忽视、逃避坏的一面，这也正是自省被认为是一种优秀品质的原因。所谓"自省"其实就是主动发现问题并直面问题的一个过程。发自内心地承认自己的错误的过程非常痛苦，但它犹如金子一样珍贵，因为这是人们迈出改变的第一步。

在工作复盘中，管理者要像一面镜子一样照出员工的问题、缺点和不足，引导员工进行自我反思，认同自己的问题，接纳自己的不完美，找到造成问题的原因，并且看到这些负面因素所带来的不良影响。管理者要帮助员工将自我掩饰、自我逃避的"伪装"一层层地"剥"下来，让"丑陋"的问题和原因暴露在"阳光"之下。

"使我痛苦的必定使我成长。"员工只有在工作复盘中感受到这种被"剥"的痛苦，才能发自内心地进行改变，最终收获成功的喜悦。

"每次有期待"源于员工对工作复盘的认同，而这种认同又源自成长带来的快乐、成就和满足。我们只有在工作复盘中真正帮助员工解决问题、收获成长、拿到结果，才能让员工不断期待下一次工作复盘的到来，期待管理者、HR和同事为他带来的成长建议。

让员工对工作复盘抱有"进门有准备，出门有力量，过程有痛苦，每次有期待"的感受并不容易，需要管理者不断提高自身能力，在大量的工作复盘场景中"千锤百炼"才能做到。工作复盘是管理者修炼管理功力的"道场"，管理者只有通过大量的积累和沉淀才能"锻造"出自己的"心法"，提高自己的"功力"。在后面的章节中，我将继续提供更多的方法论，帮助管理者早日做出成功的工作复盘。

工作复盘的三大标准

在阐述工作复盘的三大标准前，我想先请大家看一个案例。

> 管理者和HR一起精心准备了一次工作复盘，环节包括当前工作情况展示、工作问题排查和未来工作规划。这一流程看上去没有太大问题，但在实际操作中因为管理者不知道工作复盘成功的标准，所以整个流程变得空有形式却没有价值。
>
> 在表述当前工作进展时，员工认真、详细地展示了自己工作的整体情况，并对一些问题进行了深入的自我剖析。在表述结束后，员工满怀期待地看向管理者，希望能得到对方的反馈和评价。没想到管理者只说了一句："还不错，我们继续接下来的环节。"
>
> 在工作问题排查的过程中，管理者尖锐地指出员工的一个个缺点和不足，员工也认同这些问题的存在。在问题都找

到后，员工希望能从管理者那里得到一些改进问题的建议。但是这次他的期待又落空了，因为管理者说："这次工作复盘结束后，希望你认真想想这些问题怎么改正，我们继续下面的环节。"

这时员工感到十分茫然，只好整理思绪开始表述接下来的工作规划。这次，管理者的反馈更让员工崩溃，他说："我总觉得你的方案哪里不太好，你再回去思考一下，把方案改一改。好了，这次工作复盘就到这里吧！"

什么样的工作复盘最可怕？那就是员工在复盘的过程中既不知道管理者对自己的评价是什么，又不知道如何改进自己的问题，还不清楚接下来的工作要如何展开。这样的工作复盘做与不做没有太大区别。要说唯一的区别，那就是这种工作复盘会让员工感到更加迷茫。

一场成功的工作复盘要达到三大标准：给出清晰的评价，参与问题的剖析，制订改进的方案。这样才能让员工"带着信心和志气来，带着力量和希望走"，我们只有弄清这三大标准，才能有的放矢地做好工作复盘。

给出清晰的评价

在工作复盘中，管理者要将自己对员工的评价清晰、明确地告诉对方，让他明白自己哪里做得好，哪里做得不好，哪里达到了公司的标准，哪里没有达到管理者的预期。管理者只有将评价清晰地反馈给员工，才能让他看到自己的不足，为他指明努力的方向。

对员工来说，管理者的评价就是衡量其工作能力和工作成果的标准。这就像学校通过考试成绩来向学生反馈学习情况一样，这些成绩能让学生清晰地知道自己的哪门学科掌握得好，需要继续保持；哪门学科学习得不好，要在之后进行补习。

因此在员工自我陈述结束后，管理者要给出对方清晰、明确的评价，告诉对方这一阶段的绩效评估结果是优秀、良好、合格，还是不合格，同时指出哪些地方做得好，哪些地方做得不好。企业可以根据自身情况和实际绩效制度来设定评价标准，也可以通过管理者和 HR 共同打分的形式给予员工反馈。

另外，人们对未知的恐惧和担忧是与生俱来的，因此管理者需要为员工提供清晰的评价。

我们可以试想一下：你的上级领导说两个小时后要和你单独谈一谈，但是没有告诉你要谈什么。这时，你的心情一定是紧张、焦虑的。你会思考"是不是我最近的表现没有达到领导的预期"，"是不是我的工作出现了问题"。然后你会回想自己的工作到底哪里有问题，甚至会思考当领导指出这些问题时要如何应对。对你来说，这两个小时一定非常难熬。

在工作复盘中也是如此。如果管理者对员工的评价模棱两可，就会让对方产生紧张、焦虑的情绪，进而开始自我怀疑，变得不自信。其实员工并不害怕管理者的评价，而是害怕管理者把评价藏在心里，有意见也不明说，让员工"看不见""摸不透"。这会引发员工产生许多无端的猜疑，并对管理者抱有极大的不信任感。

另外，管理者特别要注意的一点是，工作复盘中的评价还要遵循"No Surprise（没有意外）"原则。管理者需要在日常工作中就将评价标准告知员工，让对方能够将自己的工作结果与标准进行对比，提前预知自己的绩效水平。这样的做法在阿里巴巴又叫"丑话当先"。我们可以看下面的案例。

员工老李这个月的业绩十分理想，远远超过了当初定下的目标。因此，即将进行工作复盘的他非常高兴，认为自己的主管一定会夸奖他。但是事实似乎给他从头到脚泼了一盆冷水。

管理者：老李，很抱歉地通知你，你被辞退了。

老李：什么？为什么？我这个月可是团队业绩第一！你凭什么开除我？

管理者：因为你的价值观考核不达标。你所做出的业绩很多都是通过争抢同事的客户得来的，这一点影响了你的考核成绩。

老李：咱们公司什么时候开始考核起价值观了？

管理者：就是从这个月开始的。

老李：你们管理层有通知过员工吗？相关考核标准的文件有进行过公示吗？

管理者：虽然没有，但是……

老李：没有通知过的我都不认！

说完这句话，老李摔门而出，只留下管理者和HR面面相觑。

就像上面的案例一样，如果管理者不将评价标准提前告知员工，一方面会让对方无法找到努力的方向，另一方面容易出现员工不认同管理者评价的情况。管理过程中很重要的一点就是做到"丑话当先，不秋后算账"，这也是给出清晰评价的一个重要前提。

参与问题的剖析

在工作复盘中，有些管理者总是乐于指出员工的问题，却忽视帮助对方剖析问题产生的原因，从而无法从根本上让员工认同问题，也无法让对方找到改进问题的方向。

对问题的剖析非常关键，因为在很多情况下，管理者会将造成问题的原因归结为时间的差错和偶然，从而给出"下次注意"的建议。员工如果不去探究导致问题出现的根源，就会让相同的问题反复出现，并且形成一种不良习惯。我们要知道，一旦习惯形成，再去改变就要花费更多的时间和精力。

我将工作复盘中帮助员工剖析问题的环节称为"排毒"。因为，在这一环节中，管理者需要瞄准员工的问题进行深入分析，直至找到隐藏在问题背后的真实原因。

其实，工作复盘很像是一个为员工"问诊"和"治疗"的过程，管理者需要找到引发员工"病症"的"病因"，再将其清除出去，这样才能使员工恢复"健康"。在这样的过程中，员工一定会感到痛苦、不舒服，但是只要能克服这些不适的感觉，就能收获成长。

能否剖析到问题的根源，关键在于管理者探寻本质的能力。在工作复盘中，管理者要对员工的问题"刨根问底"，不能抱有得过且过的心理，不能因害怕"得罪人"而不指出问题的关键。作为管理者，其责任是揭示问题真相，实现团队绩效提升，而不是博取他人欢心。

当然在剖析问题的过程中，管理者也要做到"视人为人"，尊重员工，接纳他们犯错的可能。管理者要知道事无尽善、人无完人，每个人都会有缺点和不足，工作也难免出现问题和错误，因此要允许员工犯错，但不能容忍相同的错误反复出现。所以，管理者要从根源上找到导致问题出现的关键因素并进行改变。

如何对问题进行剖析才能挖掘出本质？那就是持续问"为什么"，直至问题的根源暴露出来。我们可以看一看下面的案例。

一位老板在给部门主管做工作复盘的过程中，发现了软件产品无法正常运行的问题。于是，老板开始帮助对方剖析造成该问题的根本原因。

老板：导致软件产品无法正常运行的原因是什么？

部门主管：因为程序设计不好。

老板：为什么说程序设计不好？

部门主管：因为团队中有些员工的程序设计能力不足。

老板：谁的程序设计能力不足？

部门主管：小孙和小赵的程序设计能力不足。

老板：造成他们程序设计能力不足的原因是什么？

部门主管：因为他们没有经过良好的培训。

老板：为什么没有经过良好的培训？是他们不接受培训，还是你没有安排培训？

　　部门主管：是我没有安排培训。

　　老板：你为什么不安排培训？

　　部门主管：因为我对培训不够重视。对不起，这是我的问题。

　　在上面的案例中，老板问了6个问题才找到"导致产品无法正常运行"的根源是"主管对培训的重视程度不够"，两个看似没有太大关联的事情却互为因果。

　　在追问的过程中，许多管理者可能会在类似"程序设计不好"这一层就停止了追问，从而导致相同的问题后续再次出现。所以，管理者对问题的剖析不仅要落到事的层面，更要落到主要责任人的层面，尽量找出到底是员工的哪些具体行为导致问题的出现。

　　在帮助员工剖析问题的时候，管理者可以从3个方面进行思考，一是员工的能力是否足够，二是工作方法是否无误，三是工作态度是否积极。团队所面对的大多数问题归结起来都是由这3个因素造成的。只要管理者明确了这3点，就可以在追问的过程中通过员工的回答进行更为准确的判断。

　　另外，当管理者难以找到问题的剖析方向时，还可以通过案例对比的形式来判断问题产生的原因。比如员工没有完成工作任务，管理者可以看一看他在之前的工作中是否也出现了相同的情况，或者其他员工是否也无法顺利完成相同的工作。通过案例对比，管理者往往就能得到清晰的结论。

　　一家公司因为业务调整将某项目从一个团队转移到另一个团队。但是在一个月后，接手项目的新团队出现了严重的加班现象，导致团队氛围紧张，员工状态低迷。老板在对这个团队的主管进行工作复盘前，仔细对比了两个团队的工作数据，发现导致问题的原因出现在团队人员规模方面。有了这个方向，老板开始有意识地设计提问策略，帮助这名主管挖掘问题根源。

　　老板：你的团队持续加班导致员工状态低迷的原因是什么？

　　主管：因为项目的工作量超出了团队的承受范围。

　　老板：为什么你的团队无法承受这些工作？

　　主管：因为我没有足够的人手来完成这个项目。

　　老板：为什么没有足够的人手？

　　主管：因为我在接手这个项目时没有获得相应的资源支持。

　　老板：没有获得资源支持时你是否进行过上报？

　　主管：没有。

　　老板：为什么没有？

　　主管：因为在接手这个项目前，我并不知道工作量会这么大。

　　老板：你在项目开展前是否了解、预估过这一项目的工作量？

主管：没有。

老板：那么，你当时制订的项目计划是否包含了团队所需人员数量的评估？

主管：也没有。

老板：你觉得这说明了什么问题？

主管：说明我在预估项目和制订计划方面的能力不足。

案例中的老板通过事前的数据对比发现了导致问题出现的原因是"团队人员规模不足"。在找到这一方向后，他通过针对性的提问不断挖掘更深层的原因，直到将视角聚焦于主管的具体行为后终于找到问题的根源。

在工作复盘中，管理者要帮助员工剖析问题，挖掘导致问题出现的根源。在这一过程中，管理者要让员工直面痛苦，并消除他们想要逃避问题的心理。只有这样，管理者才能帮助他们看清事实，进而找到改进的路径。很多时候，管理者只有用力"逼"一下员工，他们才能获得成长。

制订改进的方案

如果员工在工作复盘结束后不知道问题如何改进，也不知道接下来的工作如何进展，那么工作复盘的价值就会大打折扣。员工无法得到成长，也就不会再对工作复盘抱有期待。因此，在管理者成功剖析出员工问题的根源后，还需要和员工一起制订改进问题的方案。

剖析问题的过程对员工来说十分痛苦，所以，管理者需要将这种痛苦转变为激励员工改变的动力。因此在制订改进方案前，管理者要告诉员工，遇到问题并不可怕，也不要产生过多的懊恼和沮丧情绪，而应看到改进问题的方法和解决问题后的好处，做出改变才能进步、成长。

团队尽可能以共创的形式制订改进方案。很多时候，如果管理者直接将改进方案告诉员工，由于对方没有亲自参与方案的制订，很可能无法理解方案背后的逻辑和原理。当管理者和员工一起针对改进方案进行充分讨论和制订时，员工可以看到方案诞生的整个过程，从方方面面理解为什么使用这个方案而不是另外一个。这也能帮助员工在后续的工作中更好地操作、落实方案。

方案共创的过程可以根据以下步骤进行。

明确改进目标

管理者和员工先要明确改进的目标是什么，以及如何才能制订有效的方案，否则大家容易在讨论的过程中偏离方向，让最终的方案无法解决实际问题。

改进目标应是可量化、可评估的，不可量化的目标充其量是一个想法。改进目标的制定可以遵循 SMART 法则，即具体的（Specific）、可衡量的（Measurable）、可达成的（Achievable）、现实的（Realistic）和有完成期限的（Timeline）（见图 2-1）。

图2-1 SMART法则

通过SMART法则制定的目标是具体、可量化的，并且有清晰的达成时间点，可以使目标具有很强的可行性。例如，员工的专业能力需要进行提升，这是一个非常抽象、笼统的目标，而管理者和员工可以通过SMART法则将其转化成可量化的目标。如员工需要在一个月内读完两本专业书籍并开展一次知识分享会。这样的目标具体清晰，并且便于管理者在之后进行监督、检查。

列举改进方法

在员工和管理者对改进目标达成共识后，双方要开始对改进方法进行探讨和思考。员工和管理者可以分别列举自己所有能够想到的改进方法，并一一陈述理由。列举改进方法可以帮助双方摆脱个人情绪和主观喜好的束缚，打开视野和思维，看到解决问题的更多可能性。

确定改进方案

通过列举改进方法，团队得到了许多解决问题的方案。这时管理者要判断哪种方法更符合实际工作、效率更高、使用成本更低，让改进方案尽可能靠近"最优解"。在这一过程中，管理者和员工要通过想象将每个改进方法放入实际场景中模拟运行，并大致推演最后的效果如何。

在一次工作复盘中，我和一位员工针对"如何改进拉新方案"进行共创和探讨。我们先列举出所有方法，然后将这些方法一一放入实际场景中进行模拟。

我们发现，有些方法运行起来不符合"客户第一"的价值观原则，所以首先被我们排除。然后，我们又发现，有些方法在实际操作中十分复杂、烦琐，可控性极差，于是也被我们舍弃。剩下的方法各有优劣。最后，我们将这些方法进行整合再创造，确定出一个既符合实际情况，又能带来不错预期的方案。得到这个结果后，我和这位员工都非常开心、兴奋，彼此间的信任感也得到了加强。

在确定改进方案的过程中，管理者和员工要尽量以客观的视角对列举出的方法进行逻辑推演，最终确定一个符合实际、切实可行、高效严谨的改进方案。

降低失败风险

确定改进方案后，管理者还要针对方案落实中可能出现的风险进行排查，制订出规避风险的措施和应对风险的方案，做到防患于未然，提高目标达成的成功率。以销售岗位为例，管理者如果要提高客户拜访量这一数据，那么就要避免"只求数量不求质量"，"虚假拜访"等风险的出现，所以可以通过制订监督机制的形式来规避这种风险。

记录整体方案

在方案确定后，管理者和员工要再次对方案进行梳理和总结，尽可能形成完整、清晰的记录。这样一方面有利于员工对方案后续的落地施行，另一方面有利于管理者对改进计划进行监督、辅导和检查。

管理者只有明确了工作复盘成功的标准，才能更好地引导员工认清自我、发现问题、解决问题。帮助员工成长是每个管理者的责任，也是工作复盘的核心价值所在。在工作中，管理者要利用好复盘工作法这一管理工具，为团队营造良好的成长氛围，让员工敢于在直面痛苦后看到"阳光"，让公司成为每个员工成长、成功的绝佳平台。

第 3 章

如何增进工作复盘的效率

有人说："工作复盘一定要充满火药味。"有人说："工作复盘就是绩效考核。"这些对工作复盘的看法都是片面的。管理者只有了解了工作复盘的4重心态、4个核心法则，以及做好工作复盘的3个步骤，才能增进工作复盘的效率。

工作复盘中的 4 重心态

复盘工作法是管理者修炼心力和心法的最好工具。管理者只有在工作复盘场景中不断摸爬滚打，才能体会其不同层次的滋味，保持最佳心态。虽然自己已经经历了很多次工作复盘，但是我在阿里巴巴刚刚成为管理者的时候，并不知道如何给员工做好一场工作复盘。

当时，我面对过"不知道是我在给员工复盘，还是员工在给我复盘"的情况，也经历过"和员工互相拍桌子、瞪眼睛，吵得不可开交"的情况。经过一次次工作复盘，我真切地感受到自己的心力在不断提升，逐渐能够通过工作复盘帮助员工成长、提高团队绩效。这样的修炼过程让我感受到，工作复盘需要管理者持之以恒、从不间断的实践。

在一次次工作复盘的过程中，我能够明显感受到员工心态的变化。从刚开始的客套，到争论，再到反思，最后到共创（见表3-1），每一次心态的转变都代表着团队复盘功力的提升。因此，想要做出一场高效的工作复盘并不容易，需要管理者用正确的心态来面对员工，面对自我。下面，我会对工作复盘的4重心态进行介绍和总结，希望能够帮助大家少走弯路，更快地感受到工作复盘的真正魅力。

表3-1 工作复盘心态层次表

	第一重：客套	第二重：争论	第三重：反思	第四重：共创
关键特征	流于形式 只说对方想听的	直言不讳 只说自己想说的	换位思考 了解对方的出发点	出局看局 产生新认知
形成因素	管理者不够重视 管理者不具备分析能力 组织没有形成工作复盘氛围 工作复盘没有结合员工的成长	管理者的出发点不正确 员工对工作复盘有抵触情绪 组织没有形成工作复盘氛围	打开心理的防护	平等客观的沟通
核心优点	无	发现问题和错误	发现更多的细节 获得更多的认知 开始触碰事物本质	接触事物的本质 打开全新的视野

客套：流于形式，只说对方想听的

我们先来看这样一个例子。

管理者：小王，你来说说这个月的工作情况。

员工：李总，这个月咱们的业绩实现了重大突破，和上个月相比整体提升了10%！

管理者：我就知道你有能力！加油好好干，年底给你多发奖金！

员工：谢谢李总赏识！

管理者：团队的情况怎么样？

员工：团队的情况我觉得还不错，氛围挺好，就是离职率有点儿高。不过这也正常，每年这个时候都有人来有人走。

管理者：离职率高这个情况你也不用心急，回头我让HR给你的团队多招些人。这个问题好解决！还有没有其他问题？

员工：没有了，其他方面运行得都不错！

管理者：很好！没有问题就说明我们的公司在逐步走上正轨。你之后还要继续努力，为公司创造更大的价值！

员工：李总放心！我会竭尽全力带好团队，争取下个月业绩比这个月提升20%！

管理者：我等着你的好消息！那今天就到这里吧！

在上面这段对话中，管理者和员工都在说对方想听的、喜欢听的，把面谈变成了"表彰大会"。管理者一个实际的问题都没有找到，更别说帮助员工解决问题、获得成长了。这种客套让沟通变得毫无意义和价值。

工作复盘中的第一重心态就是客套。如果管理者持有这种心态，只会让工作复盘流于形式，无法发挥其真正的作用。这也是有些企业虽然有类似工作复盘的机制，却收获寥寥的原因。

出现客套心态的原因有4种：管理者不够重视，管理者不具备分析能力，组织没有形成工作复盘氛围，以及工作复盘没有结合员工的成长。如果管理者能够从根本上解决造成客套心态的4种因素，工作复盘的效果将会得到显著提升。

管理者不够重视

很多时候，管理者之所以在工作复盘时抱有客套的心态，是因为自身对工作复盘不够重视。管理者要知道，工作复盘不是管理者工作中必须完成的一项流程，而是管理者提高团队绩效、帮助员工成长的有效工具。只有转变对工作复盘的看法，它才能为我们带来好处。

因此，管理者在工作复盘前要投入大量的时间和精力进行准备；在工作复盘中要全神贯注地倾听员工表述，用积极的心态为员工指出问题并给出改进建议；在工作复盘后对员工进行认真的监督和辅导。管理者只有对工作复盘保持足够的重视，才能不被客套的心态束缚。

管理者不具备分析能力

阿里人常说："看不出问题就是最大的问题。"如果管理者不具备从结果和数据中发现员工问题的分析能力，那么工作复盘很有可能就会流于客套。这种客套往往是管理者在掩饰自身能力的不足。

当管理者发现自己在工作复盘中无法指出员工的错误、无法问出一个能够触及事情本质的问题时，就要进行自我反省，思考自己是否对业务的了解程度不够深，是否缺乏对数据的解读能力，是否在专业知识层面有所欠缺。所以，当管理者开始说一些"客套话"来敷衍员工的时候，就要为自己敲响警钟，并在工作复盘后认真自省，找到自己分析能力上的不足并及时通过学习和实践进行弥补。

组织没有形成工作复盘氛围

组织没有形成工作复盘氛围的一个重要表现就是，员工在工作复盘时只说管理者喜欢听的事情，对于管理者不喜欢听的事情全部隐瞒不说。在很大程度上，员工的这种客套心态是由管理者造成的，因为员工往往是管理者的镜子，管理者考察什么样的行为，员工就会做出什么样的行为。在工作复盘的过程中，管理者如果对好的结果明显表现得异常欣喜，对不好的结果、员工的问题和错误给出难以容忍的态度，员工就会"报喜不报忧"。

阿里巴巴有句土话：最大的错误就是停在原地不动，就是不犯错误；错误还得犯，关键在于总结、反思，以及不要犯同样的错误。因此，管理者一定要帮助组织打造一个简单开放的工作复盘氛围，让员工敢说真话，允许甚至鼓励员工在工作复盘的过程中暴露问题和错误，这样才有机会进行解决和改进。

大部分人都喜欢听让自己心情愉悦的事情，排斥让自己感到不舒服的事情，特别是在面对那些难以解决的问题时，心情会更加糟糕。但是阿里巴巴的管理者都知道这样一个道理：如果你一天没有听到坏消息，就证明你已经离团队很远了。当所有员工都抱着客套的心态面对管理者的时候，管理者将很难了解团队的真实情况。

因此，管理者一定要磨炼自己的心力，勇于面对不好的结果，能够接受员工的问题和错误，只有这样，团队才能展现积极向上、简单开放的状态。

工作复盘没有结合员工的成长

"任何不能给员工赋能的工作复盘都是无效的。"管理者要明白，工作复盘的一个很重要的作用就是帮助员工成长。阿里巴巴有句土话：员工为自己的发展负责，管理者为下属的发展负责。对管理者来说，帮助员工成长是非常重要的事情。如果管理者不理解工作复盘能够帮助员工成长这一作用，就容易抱有客套的心态。

有些管理者喜欢做"老好人"，在工作复盘时不敢说重话、狠话，怕自己的话语会伤害员工，导致员工心态失衡，进而产生冲突。抱有这种心态的管理者往往一味地赞扬员工的优点，只提出一些无关痛痒的缺点，甚至对缺点视而不见。

管理者最不应该成为"老好人"。在工作复盘中，如果管理者看到员工的问题和缺点却不进行指正，就无法帮助员工认识自我、获得成长。这就像病人去看医生，医生却不把病情告诉病人，也不为其治疗，反而夸奖他的身体很好，最后导致病人的病情越来越严重。

同时管理者还要明白，管理者要通过别人拿结果，通过结果培养人。如果管理者为了维持自己"和善"的形象而不敢批评员工，不去帮助员工成长，那么最终不仅团队无法获得想要的结果，员工也将一无所获。这时员工对管理者所产生的质疑和不信任感会严重影响团队的氛围，进而影响所有员工的工作热情。

因此在工作复盘时，管理者要勇于指出员工的问题，让他更好地认清自己的不足，并时刻提醒自己要为员工的成长负责，不要让客套的态度成为员工前进路上的"绊脚石"。

争论：直言不讳，只说自己想说的

争论是工作复盘中的第二重心态。在摘下客套的"面具"后，管理者与员工很容易陷入争论的心态。此时管理者和员工虽然能够发现问题，但会因为糟糕的沟通形式产生争执，双方只说自己想说的，不考虑彼此的处境和情感，从而对工作复盘的结果造成不良影响。

造成争论心态的原因主要有3种：一是管理者的出发点不正确，二是员工对工作复盘有抵触情绪，三是组织没有形成工作复盘氛围。

管理者的出发点不正确

有些管理者出于警醒员工或树立威信的目的，往往将工作复盘视为"扒皮会""批斗会"，这最终会引起员工的抵触和反叛心理。

我见过有些管理者在为员工做工作复盘的时候会先铺垫这样一句话："我性子比较直，但是我没有坏心，下面要说的话可能会伤到你，希望你不要介意。"当出现类似这种表述的时候，我们基本可以判断管理者做工作复盘的出发点是不正确的，而且他将自己摆在一个凌驾于员工的位置上，表现出一种"我说的你必须听，而且不能抱怨"的态度。

这时，管理者就站在了员工的对立面，让整场工作复盘变为"我对你错"的激烈辩论。管理者为员工做工作复盘的目的不是批评员工，而是帮助员工成长。一味地批评员工只会阻碍这一目的的达成，甚至产生适得其反的效果。

复盘工作法在本质上是绩效管理的工具，是管理者和员工相互交流认知、见解并最终达成共识的场景。而当双方无法进行平等交流的时候，这种沟通的价值和意义也就不复存在。管理者要明白，沟通的目的不只是"口服"，还是"心服"。

我们之所以通过工作复盘进行沟通，就是希望将管理者和员工的思想进行传递和反馈，从而达到思想一致。如果员工最终"口服心不服"，表面上接受了管理者的批评，实际上心里并不认同，并带着这种"不服气"的情绪进行工作，那么就会出现应付了事、不认真、错误百出等情况。这种隐藏的危机不但难以发现，而且会造成严重的后果。

刚刚入职的小李缺乏工作经验，他在第一次参加直播促销活动时，因为对操作系统不熟悉，慌乱之下不小心关掉了直播系统，导致直播画面出现了几分钟黑屏。在工作复盘的时候，管理者对于这次直播事故非常生气，大声斥责了小李，并指责他的这次行为影响了活动效果。这时，一旁的 HR 及时发声制止，说："我们培养的是员工，而不是这次活动。"

从这一案例可以看出，在工作复盘的过程中管理者一定要明确工作复盘的目的和作用，这样才能消除自己与员工之间的沟通壁垒。因此，阿里巴巴要求员工在沟通的过程中做到"直言有讳"。

阿里人对于"直言有讳"的定义是这样的："直言"是对事情的态度，"有讳"是对同事说话的方式；事情要好好做，话当然也要好好说；你待世界以温柔，世界也会回馈以温柔。

因此在工作复盘的时候，管理者一定要树立正确的出发点，带着积极的心态正视问题、解决问题，在沟通时做到"对事不对人"，不要带着情绪直言不讳、冷语伤人。管理者要记住，既要简单开放，又要"直言有讳"。

员工对工作复盘有抵触情绪

当对工作复盘有抵触情绪时，员工往往会封闭自己的内心，听不进管理者提出的问题和改进建议，并且为了维护自己的正确性不惜与管理者进行争论。这种情况往往是由于员工过分自信或不信任管理者。

为了避免员工抱有争论心态参加工作复盘，管理者一定要在工作复盘前向员工耐心说明其价值和意义，让他明白工作复盘能够为自己带来切实的利益和极大的成长。在工作复盘前的沟通一方面可以帮助管理者与员工建立信任感，另一方面也可以让员工对工作复盘有一个更深的了解和认识。这也是阿里人常说的："动之以情，晓之以理，诱之以利。"管理者只有让员工从内心认可工作复盘，他们才能以平和的心态去面对它，管理者和员工才能在工作复盘的过程中顺畅地沟通。

在工作复盘中，管理者也要积极引导员工，以帮助和辅导的心态让员工放下心理防御，增加他们与自己交流的动力和信心。比如在工作复盘正式开始前，管理者可以和员工聊聊天，放松一下对方的心情，缓和一下紧张的氛围，我通常将这样的环节称为"破冰"。在工作复盘正式开始后，员工如果仍然持有争论的心态，那么管理者一定要通过数据、案例等实际情况向员工"摆事实，讲道理"，而不是同样带着情绪表达自己的观点。总之，消除员工对工作复盘的抵触情绪能够帮助双方打破争论的心态，营造更好的工作复盘氛围。

组织没有形成工作复盘氛围

如前文所说，组织没有形成工作复盘氛围会造成客套心态的出现，而争论心态在很大程度上也是由这一原因造成的。

与客套氛围不同的是，争论心态的产生往往是由于团队简单开放的氛围走向了极端，管理者和员工为了说真话而不顾及对方的感受，甚至直接进行言语攻击。对管理者来说，任何事情都要有一个"度"的平衡和把控。在工作复盘氛围的营造上，我们既提倡"简单开放"，又提倡"有话好好说"。只有当所有人都能做到"直言有讳"，团队才能获得一个良好的工作复盘氛围。

反思：换位思考，了解对方的出发点

反思是工作复盘中较高层次的心态，其重要的特点就是管理者和员工相互换位思考，从而就工作复盘中沟通的内容达成共识，既满足管理者的需求，又满足员工的需求。

在听到员工的反馈后，管理者如果能够站在对方的角度进行思考，就会反思自己在管理上是否存在问题。同样，员工如果能够站在管理者的角度思考，就会反思自己工作上的问题和改进方法。

要知道，管理者的工作经验要比员工丰富，而员工所接触的一线工作往往又与管理者存在一定距离。当双方都站在对方的角度去看问题时，就会发现更多工作上的细节，相互也会获得更多认识上的提升。因此，反思的心态往往能够让管理者和员工互利共赢，同时弥补双方的不足，满足双方的需求。

工作复盘其实是一个由事及人的过程，而人永远是需要关注的核心。反思的心态可以帮助管理者和员工站在对方的角度看问题。先看业务，再反思管理，最后剖析个人，像"剥洋葱"一样逐步触及事情的本质。

很多时候，阻碍沟通的是我们心理上的防护。在沟通的过程中，我们往往会因为自己内心的恐惧而建立起心理防御边界，保护自己不受到伤害。这种恐惧一般源于我们对掌控全局的需求。

我们可以试想，在沟通中当对方的想法、说法和做法与我们原本的期望完全不同时，自己会产生怎样的情绪？这些情绪很可能是生气、愤怒。我们首先想到的不会是反思自我，而是会觉得自己不被尊重。所以，当我们觉得事态已经脱离自己掌控的时候，就会构筑起心理防护，而这会在很大程度上妨碍我们进行反思，阻止我们听取他人意见，进而阻碍我们的进步和成长。而换位思考就是帮助我们打开自己心理防护的重要工具。

那么，团队如何在工作复盘中做到换位思考，进而获得反思的心态呢？首先要做的一点就是尊重。

尊重是良好沟通的重要前提。无论是管理者还是员工，只有在尊重的基础上进行沟通，才能让工作复盘顺利地进行下去。尊重就是站在对方的角度去感受他们所经历的事情，进而了解对方当前的情绪和感受。

> 有一次经历让我印象很深刻。当时，我在给员工做工作复盘，对方正在认真分析自己工作中出现的问题。忽然，我想到前不久一个朋友向我提供的工作方法。我认为那种方法非常好，于是直接打断了员工的表述，说："我知道一种方法是这样的……你当初为什么不用这种方法呢？"

面对我的突然打断，该员工先是显得有些惊讶，然后露出了有些委屈的神情。我忽然意识到自己的行为让员工受到了伤害，于是赶忙说："对不起，是我有些着急了。请你继续说下去。"

之后，我转换自己的视角，去认真倾听员工的表述，站在他的角度看问题。原来，他当时面对的情况非常复杂，压力也很大。在资源不足的情况下，他已经尽可能地做出最优化的处理，而我刚刚提到的方法根本不符合当时的实际情况。在转换视角后，我体会到了员工的难处，对他说："你当时面对的困难确实非常大，我能够理解你做出这种选择的原因。你面对困难不退缩的勇气让我很感动。不过，如果换成是我面对这样的情况，我就会优先找到上级申请支持。我认为，有些问题不是凭一己之力就能解决的。"

听完我的话，员工如释重负，并且赞同我的建议。在之后的工作中，当遇到资源不足的情况时，他就会主动向我反馈，这也为我的资源分配工作解决了一个很大的难题。

当员工在工作中出现问题时，管理者要去了解他当时的所处情景和状况，寻找他之所以做出这种错误选择的原因，然后思考如果换成自己在面对这种情况时会如何去做。在这样的过程中，管理者就会接受员工出现的问题，理解他的情绪和感受，同时找到帮助他解决问题的合理建议。最后，管理者要将自己的这些感受、想法和建议传达给员工。这样对方就会感受到管理者对他的尊重，从而打开自己的心理防御，认为管理者是在设身处地地帮助自己解决问题。

沟通是工作复盘的重要组成部分，而沟通的目的是满足双方的需求。管理者要通过沟通了解员工情况，帮助员工成长，并改善自己的管理方式，最终拿到想要的结果。员工要通过沟通了解管理者对自己的评价，认识到自己的问题和不足，获得改进的方法和建议，最终收获个人的成长和提升。因此，管理者要抱着反思的心态面对工作复盘，通过换位思考的形式促进双方的双赢。

共创：出局看局，产生新认知

共创是工作复盘中最高层次的心态，也是团队应该不断去追求的一种氛围。共创不仅需要复盘双方具备换位思考的能力，还要能够放下自己的角色，以平等的身份站在全局的角度共同来看待事物。团队通过一起讨论，碰撞出新的想法，从而打开新的视野，获得新的认知。

要知道，一个人的力量是有限的，每个人的思维都有局限性。因此，团队需要有人来帮助打破这种局限，从而看到更为广阔的空间。当团队以共创的心态进行工作复盘时，每个人都能充分表达自己的意见和见解，交流思想和理念，相互激发对方的灵感，从而迸发出新的方法和策略。

俗话说："当局者迷，旁观者清。"以共创心态来进行工作复盘，就要求团队从"当局者"的身份转变成"旁观者"来看清局势。管理者需要通过大量的实践和积累才能真正达到这种"出局看局"的境界。

共创的心态还可以让管理者和员工都获得极强的参与感。很多时候，管理者将自己的方法教授给员工，员工也很难体会到这些方法的好处在哪里。因为员工在这一过程中无法获得参与感和成就感，也就不会有深刻的理解和感悟。如果管理者以共创的心态和员工一起创造方法，员工就会看到这些方法是通过怎样的思考得来的，自己又在创造方法的过程中付出了怎样的努力。这样，员工不仅对方法的理解更为深刻，也会获得很强的成就感。同时，共创的心态能够让双方更好地达成共识。因为所有的方法、策略和规划都是大家一起讨论并创造出来的，在这一过程中管理者和员工就已获得了彼此的认同。而在工作复盘结束后，这些方法、策略和规划也能够得到更好落实。

首先，管理者要想获得共创的心态，就要抛弃自己的身份感。在共创的氛围中，没有上级和下级之分，也没有管理者和员工之分。在这种情境下，团队中的每个人都是平等独立的个体，没有绝对的话语权，也没有主观的对错之分。管理者要做的只是充分表达意见和看法，然后对每个人的表述都深入地分析和探讨，从理性的角度进行交流。

其次，管理者要抛弃主观视角，站在客观角度看待事物。

一位管理者正在对员工进行工作复盘，他发现上个月的目标没有达成的原因是员工的方法策略出现了问题。管理者没有指责员工的方法不正确，也没有急于发表自己的观点和建议，而是通过一系列融入自我思考的提问来和员工共同寻找解决问题的方法。

管理者：你选择这个方法的初心是什么？

员工给出了明确的回答。

管理者：那在实施过程中，有哪些环节偏离了你的初心？

员工回忆了一下整个工作过程，列举出一些环节。

管理者：那么你认为这些环节是否对最后的结果起到决定性影响？

员工表示这些环节对最后的结果影响不大，是方法本身出现了问题，并给出了合理的解释。

管理者：那么除了这种方法，还有没有其他方法？

这时员工露出了为难的表情，表示自己也不知道该怎么做。管理者明白员工的想法被限制住了，于是进一步引导对方。

管理者：在遇到相似的情况时，你知道其他人用的是什么方法吗？

员工给出了一些案例和方法。

管理者：这些方法和你的方法相比优势之处在哪？不足之处在哪？

员工思考了一下，开始和管理者一起详细地分析和对比这些案例，并将这些方法的优势进行整合，最终得到新的方法策略。

就像上面的案例一样，当发现问题的时候，管理者要将自己抽离出参与者的视角，转变为"局外人"，用客观的思考方式来分析问题的原因，找出改进方法。这样做可以帮助管理者排除主观情绪的干扰，从而更为清晰地看到事物的全貌。

最后，管理者要站在全局角度来看待所有问题。管理者要清楚业务整体的战略规划，然后找到每个工作事项在整体战略中所处的位置。管理者可以通过这种从全局看局部的方式更快地发现问题，找到能够更好地推动业务发展的方法和策略。

工作复盘的 4 重心态是一种由浅入深的递进关系。团队需要通过持之以恒的实践和锻炼才能一步步获得最好的心态。这是一个磨炼心力的过程，管理者将会面对许多困难和阻碍，也会感受到许多痛苦和委屈，但是要记住，"你感觉不舒服的时候，就是成长的时候"。希望每个管理者都能够面对挑战，和员工一起在一次次工作复盘中获得由外到内的成长。

工作复盘的 4 个核心法则

多年来，我在为企业做管理咨询的过程中发现，有些企业希望用绩效考核的形式来代替管理者和员工的沟通和反馈。很多时候，这些企业太注重数据和结果，认为只要有良好的考核制度，做好激励政策，就能让员工得到成长。

但是，这种单纯注重考核的制度只能约束员工的行为，不能走入员工的内心，往往还会导致适得其反的结果。因为，考核制度是以简单的负面反馈形式告诉员工"哪里有缺点""哪里不合格"，长此以往会伤害员工的积极性，阻碍团队、组织的整体发展。

阿里巴巴的工作复盘将考核与沟通结合起来，并且更注重管理者与员工沟通和反馈的价值。管理者通过工作复盘发现员工的优点并给予赞扬和鼓励，准确找到员工的问题并给予建议和辅导。这种积极的反馈能够很好地帮助员工建立自信，加快他们成长的速度。

因此，能否为员工带来积极向上的沟通和反馈就成为判断工作复盘是否成功的标准。围绕这一点，阿里巴巴给出了工作复盘的4个核心法则（见图3-1）。遵循这4点法则，就能极大程度地发挥工作复盘的作用，为组织带来活力与激情。

开放心态，坦诚表达	立场坚定，丑话当先
刨根问底，反思自我	重在行动，持之以恒

图3-1 工作复盘的4个核心法则

开放心态，坦诚表达

在工作复盘的过程中，管理者一定要做到开放心态。开放心态的核心就是坦诚表达，而坦诚是工作复盘的底层基础。没有坦诚的心态，工作复盘将流于客套，流于形式，导致员工的问题无法得到改正，管理者规划的战略也无法得到推行。

管理者需要明确工作复盘的最终目的是帮助员工改正问题、获得成长。只有管理者以坦诚的心态面对员工，明确地告诉对方哪里做得好，哪里做得不好，做得好的原因是什么，做得不好的原因是什么，员工才能清楚地认识到自己哪里需要保持，哪里需要改进。管理者要明白，工作复盘不是为了考核、批评员工，而是为了指出员工的问题来帮助对方成长。

对员工来说，工作复盘是一个通过别人来认识自己的反馈机制，而不是一个追求表扬和赞许的场景。如果员工只是为了获得管理者的肯定而参加工作复盘，就容易掩盖自身的缺点和不足，只将好的一面呈现给管理者。这是一种自欺欺人的行为。

坦诚表达要求员工展示事物原本的面貌。因此，员工不能为了掩盖自身的错误或希望得到赞扬和奖励，去伪造数据或者避重就轻。这两种行为就像"作弊"，只能获得一时虚假的"胜利"，但就个人成长和价值观培养来说，这只会带来极大的损害。

管理者要拥有坦诚之心，虚心听取他人的意见，这样才能获得进步。日本著名实业家稻盛和夫说："所谓坦诚之心，就是承认自己有不足，从而发奋努力的谦虚态度。……真正能够取得进步的人，是怀着坦诚之心、经常听取别人的意见、经常自我反省、能够正确认识自己的人。"

人无法在沉溺优点的过程中获得成长，只有不断解决自身的问题，改正工作中出现的错误，才能收获长足的进步。因此在工作复盘的过程中，员工一定要以坦诚、开放的心态将自己的方方面面真实地展现出来，让视角更为清晰的管理者帮助自己发现问题、解决问题。

无论是员工还是管理者，都要本着互利共赢的原则来面对工作复盘，这样才能获得良好的结果。

在做到开放心态、坦诚表达的同时，管理者和员工还要避免被自己的情绪左右，以免造成沟通双方不必要的矛盾和冲突。因此，双方要尽可能用数据和案例作为沟通依据，针对客观事实进行思考，避免情绪化的评判和决策。

《时代》杂志评出的"全球100位最有影响力人物"之一汉斯·罗斯林在《事实》一书中写道："以数据作为根治无知的良方，以理性作为心灵平静的源泉。因为这个世界并没有你所感觉到的那么糟糕。"

我们可以试想一下，如果工作复盘没有数据和案例的支撑，那么管理者和员工就是在"空对空"，凭着自己的臆想做出判断，谁也无法拿出有力的证据来判断这项工作到底处在一个怎样的水平。这时双方就会出现情绪上的波动，而这些情绪又会在很大程度上掩埋真实的情况。

用理性思考、实事求是地看待问题是坦诚表达的基础。因此在工作复盘前，管理者需要提前整理、总结出工作数据和工作案例。在工作复盘时，复盘业务管理者要从数据出发，复盘员工行为管理者要从工作案例出发。只有当一切判断标准都有据可依时，团队才能更为客观地看清事物的全貌。

立场坚定，丑话当先

在工作复盘中，"立场坚定"是帮助管理者进行清晰的反馈的前提，而"丑话当先"是避免员工与管理者因评判标准的不同而产生冲突与矛盾的重要方法。

对管理者来说，在工作复盘时保持坚定的立场是非常重要的，因为只有这样管理者才能保证员工获得清晰、准确的评价。

造成管理者立场不坚定的原因有两点：一是执行力不足，二是准备不够充分。有些管理者因为自己性格软弱导致执行力不足，使许多规定和制度无法落实。在工作复盘的时候，这些管理者因为立场不坚定，不敢给员工做出清晰的评价，这是一种非常不负责任的行为。

管理者要明白，团队的执行力就是管理者的执行力，员工的底线就是管理者的底线。员工的行为就像管理者的一面镜子，反映的是管理者的管理能力。在工作复盘的过程中，如果管理者的立场都摇摆不定的话，那么员工将安于现状，无法找到前进方向。

管理者一定要培养自己的"强者思维"，做到"言必信，行必果"，严格按照公司的制度和业务标准来评判员工的行为。只有管理者做到立场坚定，员工才能向着更好的方向前进。阿里有句土话：团队的成长是管理者最大的成功。在工作复盘的过程中，管理者一定要抛弃"老好人"思维，真正做到为员工的成长负责，用坚定的立场来给予员工公正、正确的评价。

管理者的立场是在工作复盘前树立的，而不是在工作复盘中临时形成的。在工作复盘的过程中，经常会出现管理者因为立场不坚定而被员工带跑偏的情况。例如，管理者明明是要批评员工，但是员工通过极强的表达能力为自己进行辩解，最后说服管理者放弃最初的立场，转而对员工进行夸赞。出现这种情况的很大原因就在于管理者在工作复盘前的准备不够充分，并没有通过一些明确的依据树立坚定的立场。

在工作复盘前，管理者需要总结员工的工作数据和工作案例，根据这些依据提前做好评判，明确对员工应该表扬还是批评，应该晋升还是惩罚。在管理者明确了自己的立场，做好工作复盘前的准备后，就能让整个过程变得具有逻辑性和条理性，员工也能更好地接受管理者对自己做出的评价。立场坚定是工作复盘的重要标准。管理者只有秉持坚定、清晰的立场，才能让员工明白"今天的最好表现是明天的最低要求"。

当然，管理者要做到立场坚定，前提是先要做到"丑话当先"。阿里巴巴工作复盘要求管理者遵循"No Surprise"原则，也就是员工的期待与管理者的评价大致吻合，不会出现让员工意料之外的结果。如果管理者的立场和员工的期待大相径庭，就容易造成员工情绪上的崩溃，甚至和管理者发生冲突。

在工作复盘的过程中，员工最害怕的不是惩罚，而是突然的"惊喜"。比如，在整个工作阶段，管理者都没有对员工提出哪里做得不好，结果在工作复盘的时候员工才发现自己的绩效考核竟然不合格，这种"秋后算账"的行为会给员工造成很大的伤害，进而员工对管理者会产生怀疑和不信任。

这就像是学生在期末的时候要面对考试，但是在平时老师并未对学生进行任何教学和辅导，也不指出学生的问题，只让学生自学并参加考试。在考试结束后，老师给学生展示不合格的成绩单，然后严厉地批评他，甚至勒令他退学。这时学生心中一定对老师充满了埋怨和不满。

　　管理者和员工的关系就像老师和学生，如果管理者平时不去关注员工，发现员工的问题，也不及时指出问题并给予相应的辅导，反而在工作复盘时因为员工绩效不合格惩罚他，如扣除工资、予以免职处分，甚至将他开除，那么员工一定会产生极大的不满情绪。这种情绪的蔓延会让团队产生严重的内耗。

　　因此，助力工作复盘成功的一个重要法则就是"丑话当先"。所谓"丑话"就是明确的评判标准，"丑话当先"就是在没有正式考核前管理者就将明确的评判标准告知员工。

　　例如，企业施行"271"绩效考核制度[①]，管理者要在工作复盘前向员工讲清楚什么样的标准可以被评判为"2"的梯队并得到晋升，什么样的标准会被评判为"7"的梯队并得到培养，什么样的标准会被评判为"1"的梯队并被开除。在公布考核标准后，管理者还要在平时的工作中进行监督和辅导，帮助员工提升绩效水平。

　　管理者只有将标准提前告诉员工，员工的行为才能有方向性地向制度和标准靠拢，员工也会对自己的行为有一个相对准确的判断。这样在工作复盘时，管理者的评判和员工的自我判断就会形成统一，避免"惊喜"的出现。所以在工作复盘时，管理者既要做到"立场坚定"，又要做到"丑话当先"。

---

① "271"绩效考核制度中的"2"是指20%超出期望的员工，"7"是指70%符合期望的员工，"1"是指10%低于期望的员工。

刨根问底，反思自我

发现问题并解决问题是工作复盘的一大核心价值。要发挥出工作复盘的作用，管理者需要做到"刨根问底，反思自我"。"刨根问底"要求管理者向外探寻问题的根源，"反思自我"要求管理者向内挖掘自身的不足。

"真正厉害的人都是直击本质的高手。"管理者一定要不断培养自己探寻本质的能力，这样才能从根本上解决面临的问题。因此在工作复盘中，管理者需要具有"刨根问底"的精神，通过一次次提问触及事物的本质。

工作复盘的过程就像是在"剥洋葱"。管理者需要在众多细节之中抽丝剥茧，挖掘事物的本质，进而找到影响结果的核心问题，看到员工行为背后的价值观。这些都需要管理者具有良好的逻辑分析能力。

很多时候，管理者在工作复盘中会面对大量纷繁复杂的数据和细节。当管理者不知道如何入手的时候，逻辑分析将帮助其化繁为简，进而找到核心的问题。例如，在为产品部门的员工进行工作复盘时，管理者所面对的一般是产品开发进度、产品生产成本、客户需求反馈等数据。这时，管理者要根据业务战略来判断这些数据中哪些是影响当前工作进展的核心指标。

如果团队当前需要上线一款产品来快速占领消费市场，那么产品开发进度就成为核心指标，其他数据则对评估影响较小。在对数据和信息进行筛选后，管理者要针对核心指标向员工"刨根问底"，追问形成这一数据的原因是什么，在工作过程中出现了哪些问题，造成这些问题的根本因素都有哪些等，直至追问到问题的本质。管理者可以通过对数据的分析和挖掘找到员工的业务问题，并和对方沟通改进方法。

除了挖掘业务上的问题，管理者还要关注员工本身的价值观是否与企业相符。这就需要管理者针对员工的日常工作行为进行追问，探究哪些细节反映了员工的何种价值观。比如，员工在自我表述的过程中只提到了自己的成绩和贡献，但对团队伙伴的帮助和支持只字未提。这时，管理者就可以问一问员工对团队合作的理解，让他列举一些自己符合团队合作的行为。通过员工的回答，管理者可以判断出员工是否真正理解团队合作这条价值观的含义，然后给出评价和建议。

在工作复盘时，管理者一定要关注细节，挖掘细节，通过细节还原事物的本来面目，并找到阻碍员工成长的核心问题。

除了对员工"刨根问底"地挖掘问题本质，管理者还要在这一过程中"反思自我"。因为，员工的问题往往能够像镜子一样照出管理者的问题。很多时候，员工出现的问题其实都是由管理者的管理能力不足造成的。

对管理者来说，工作复盘不只是在评估员工的工作表现，更是在寻找自己在管理工作上是否存在问题。员工的工作表现不佳，往往就意味着管理者的工作出现了漏洞。因此在工作复盘的时候，管理者不能只看到员工的缺点，更要从自我出发，透过员工的表现看到自己的问题。

许多管理者常常会以自我为中心，认为自己都是对的，没有缺点。这样的想法会极大地限制管理者的成长。美国管理学教授保罗·扎克在《零内耗：打造一支彼此信任的高效团队》一书中写道："领导者并不是万能的神灵，而是在为组织或企业尽自己所能做到最好的凡人。"因此，管理者要学会坦然面对自己的缺点，并且出于对团队和自身负责的态度来弥补自己的不足。

例如，当管理者在工作复盘中发现员工的过程数据很差，许多工作事项都没有完成的时候，管理者首先要反思自己是否放松了对员工每天工作的检查，是否疏于培养员工的专业技能，是否因为没有建立完善的工作反馈机制而导致了这种情况。

管理者首先要从自我角度出发进行反思，检查管理工作中是否出现漏洞，之后再评价员工的行为，这样管理者才能通过员工的反馈来完善自己的工作。

对员工来说，也要从自我角度出发进行工作复盘。许多员工在面对失败的时候都喜欢找借口，要么是资源不够，要么是他人不配合，总之将造成失败的原因归结为外在因素，避免自己因为这次失败而遭到惩罚。员工的这种"趋利避害"的行为是管理者不希望看到的。

当员工将造成失败的责任推卸给外在因素的时候，实际上是在为自己的问题蒙上一层"遮羞布"。面对问题，员工应当先从自身找原因，思考如果再面对这样的情况，自己应当具备怎样的能力，使用怎样的方法才能做得更好。员工只有将被动的推卸责任变为主动的自我反思，才能得到改进和成长。

无论是管理者还是员工，都要做到"不要给失败找理由，要为成功找方向"。看到失败后，团队不应该抱怨为什么失败，而要从自我出发，找到需要提升的地方，这样团队才有成功的可能。

总之，团队在工作复盘时做到"刨根问底，反思自我"非常重要。团队既要培养自己认识事物本质的能力，又要具备自省的品质，这样才能由外及里地提升自身的能力与格局，冲破思维和情绪的枷锁，最终获得长足的进步与成长。

重在行动，持之以恒

管理者和员工完成沟通并不代表工作复盘的结束，管理者还要在工作复盘之后做到"重在行动，持之以恒"，不要让其价值与意义因执行力不足而丧失，要让其功效在不断的循环中展现出来。

工作复盘的作用不仅在于找到问题，更在于将改进方案融入实际工作。在一场高质量的工作复盘结束后，员工一般都会获得全新的改进方案和目标规划。这时，管理者要进行工作复盘后的监督和辅导，从而保证这些方案和规划能够顺利落地、执行。

如果工作复盘结束后员工没有实际行动的落实，那么工作复盘将流于形式，变成"纸上谈兵"。在工作复盘后，管理者需要多与员工进行交流，检查方案和规划是否在日常的工作中得以实施，并就目前的状况给出合理、有效的调整建议。

但是在实际工作中，管理者面对员工的各种结果目标和过程指标往往会感觉无处着手，不知道应如何做到有效监督和辅导。因此，管理者要想使工作复盘的结果得到落实，就要做到有逻辑、有标准地执行，这样才能使计划按照想要的方向发展。

为了更好地落实工作复盘的结果，管理者可以通过以下步骤进行具体的操作（见图3-2）。

01　明确员工的改进目标

02　列出阻碍员工目标达成的因素

03　列出支持员工达成目标的条件

04　写下员工的个人特征

05　明确要做的具体事项

图3-2　工作复盘结果落地五步曲

第一步，管理者要明确员工的改进目标。

第二步，管理者要列出阻碍员工目标达成的具体因素都有哪些，做到防患于未然。

第三步，管理者要列出可以帮助员工达成目标的各项条件，为员工提供支持。

第四步，管理者要根据员工的个人特征做到知人善用，通过发挥员工的个性优势帮助对方更好地施行计划。

第五步，管理者要明确落地操作时的具体事项，便于之后的监督和辅导。

下面我们通过一个案例来看工作复盘结果落地的5个步骤具体应如何操作。

  管理者通过工作复盘发现员工之所以无法达成业绩目标，是因为他的销售业务能力不足。为了帮助员工解决这一问题，管理者在工作复盘后根据"工作复盘结果落地五步曲"详细列出了一份清单，并严格按照这份清单对员工进行监督和辅导。

- 改进目标

通过业务能力的提升达成下月业绩目标。

- 阻碍目标达成的因素

员工工作事项繁多，可能会忽视业务培训的重要性。

管理者因突发事项无法完成对员工培训的监督和辅导。

员工的业务知识与实际情况可能脱节，使培训内容无法应用于实际工作场景中。

- 支持目标达成的条件

管理者投入时间和精力对员工进行一对一辅导。

管理者通过培训体系提高员工的业务能力。

管理者搭建销售演练场景，提高员工的实战能力。

- 员工个人特征

员工努力、认真，有极强的上进心和不畏困难的勇气，但悟性较弱，需要提高知识与实际工作相结合的能力。

- 需要落实的具体事项

管理者每周对员工进行3次陪访工作,通过观察实际工作场景找出员工需要提升的部分并加以辅导,做到"我做你看,我说你听,你做我看,你说我听"。

管理者每周进行一次晚间销售业务知识培训,从产品、销售技巧、用户心理等方面提高员工的业务能力,并以员工培训后书面总结的形式进行结果输出。

管理者每天在晚会结束后进行销售场景演练,提升员工的销售话术技巧,帮助员工将知识与实际工作相结合。

管理者如遇到突发情况无法参与当天的培训工作,则应委派一名有经验的老员工代替自己完成任务。

一个月后,管理者通过"工作复盘结果落地五步曲"顺利帮助员工完成了培训任务并达成了当月业绩目标,从根本上解决了员工的问题,让他收获了成长。

管理者可以根据上面的案例设计自己的"工作复盘结果落地五步曲",真正做到重在行动,发挥工作复盘应有的价值。

除了落实当次工作复盘的改进方案和目标规划,管理者还要将其持之以恒地进行下去。管理重要的不是掌握了多少方法,而是能否将一种方法练习、运用"上千次""上万次"。在不断的练习和实践中,管理者才能对管理有更深的了解。工作复盘也是如此,管理者只有将其持之以恒地做下去,才能获得阶梯式的成长,最终实现从量变到质变的飞跃。

工作复盘的4个核心法能够帮助团队构建起一个高质量的工

作复盘机制。通过这一机制，无论是管理者还是员工，都能获得发现问题、解决问题、改进方法、提高绩效的成长与蜕变。工作复盘具有很强的阶段性，管理者需要计划好工作复盘的时间周期并严格执行，这样员工的成长速度才能不断加快。对于如何设置阶段性工作复盘，我将在下一章进行详细阐述。

管理者做好工作复盘的 3 个步骤

员工在管理者面前进行工作复盘会觉得痛苦，但是管理者在老板面前进行工作复盘会更加痛苦。这是因为管理者所面对的事情更多也更复杂。向老板做工作复盘意味着管理者可能要通宵进行准备。

在工作复盘前，管理者要对海量的数据进行分析和总结，要从大量碎片化的信息中提取有用的结论，要进行深刻的自我反思，找出结果、策略、管理、团队、自身等各方面的问题，要根据这些问题思考改进计划，要为之后的业务发展做好战略规划等。

管理者的工作复盘既要展现策略，又要展现团队，还要展现结果，充分体现出阿里巴巴"既要，又要，还要"的精神。但这还不是最痛苦的，最痛苦的是管理者往往是"孤独"的，其在准备工作复盘时即使没有思路也要独自面对。

管理者到底应该用怎样的思路去做工作复盘呢？完成下面这3个步骤（见图 3-3），或许能够帮助管理者在工作复盘中获得一个良好的表现。

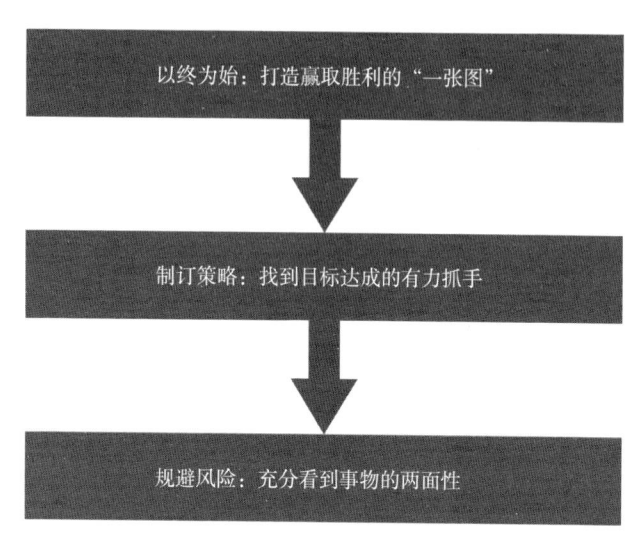

```
┌─────────────────────────────────────┐
│  以终为始：打造赢取胜利的"一张图"   │
└─────────────────────────────────────┘
                 ↓
┌─────────────────────────────────────┐
│  制订策略：找到目标达成的有力抓手   │
└─────────────────────────────────────┘
                 ↓
┌─────────────────────────────────────┐
│  规避风险：充分看到事物的两面性     │
└─────────────────────────────────────┘
```

图 3-3　管理者做好工作复盘的 3 个步骤

以终为始：打造赢取胜利的"一张图"

美国管理专家史蒂芬·柯维在《高效能人士的七个习惯》一书中这样定义"以终为始"："以终为始说明在做任何事之前，都要先认清方向。这样不但可以对目前处境了如指掌，而且不至于在追求目标的过程中误入歧途，白费工夫。"我非常喜欢《爱丽丝梦游仙境》中的一个情节。

爱丽丝问："能否请你告诉我，我应该走这里的哪条路？"

猫回答："这要看你想去哪儿？"

复盘工作法　　106

爱丽丝说:"我去哪儿都无所谓。"

猫回答:"那么,走哪条路都是一样的。"

从这个情节可以看出,当管理者没有目标的时候,无论走哪条路都可能是错误的。管理者面前往往会有无数种方法可以选择,如果没有目标的指引,那么这些方法只会让管理者无所适从,不知道选择哪一个才会有所收获。只有当管理者明确目标时,才会知道哪些方法和路径能够帮助其达成目标。

因此,管理者的工作复盘首先要展现出战略规划和整体目标。战略规划要先展现出业务战略规划,然后是组织战略规划。因为在当下,业务战略往往决定了组织战略。所以,管理者要能够描绘出"一张图",这张图中要包含管理者的业务战略和组织战略,同时这两种战略应是相互匹配的。

业务战略图应展现出管理者要将现有的业务带到什么高度,组织战略图应展现出管理者要将团队带到什么高度。比如,区域经理在做工作复盘的时候,要将下一季度、下半年甚至整个年度的业绩目标展示出来。

管理者在准备工作复盘的时候一定要先制定出下一阶段的工作目标,然后将这一目标拆分为阶段性小目标。要知道,没有目标的工作无异于在茫茫大海中迷失了方向。管理者只有制定出清晰、合理的目标,才能找到达成目标的方法和策略。

但是,目标不是马上就能完成的。管理者还需要将目标按照月、周、日的顺序进行拆分。这样不仅能让管理者更好地监督、把控目标的完成情况,而且每当管理者完成一个小目标都会收获成就感，感到自己离成功更近了一步。

之后，管理者要根据业绩目标来匹配相应的团队建设规划。例如，如果要完成500万元的业绩，管理者需要匹配多少销售团队，需要培养多少管理者来带领团队，每个销售团队要匹配多少销售人员，每个销售人员要分担多少业绩指标，每个阶段要入职多少员工等。在管理者一步步将目标进行拆解后，整体的战略规划图就能够清晰地展现出来了。

在描绘战略规划图的时候，管理者一定要注意组织战略需要跟上业务战略的步伐。很多时候，公司的业务发展得很好，但是组织建设迟迟没有跟上，这时业务发展就受到束缚。当公司快速扩张组织规模的时候，如果业务发展并没有想象中乐观或者缺乏管理人才，组织很可能会被拖垮。因此，管理者一定要重视业务战略和组织战略的匹配，这样才能获得健康、平稳的发展。

"一张图"是公司的战略愿景，有了战略愿景后还要回归当下。管理者只有弄清现状，了解当前问题和现有资源，才能明确要完成愿景需要改进什么策略，需要补足什么资源。

弄清现状类似于一个自我诊断的过程，可以按照"望、闻、问、切"的流程进行，同时从业务和团队两个维度进行诊断。

"望"就是"望"业务层面。管理者要通过计划目标、结果目标、过程目标、达成策略等方面对数据和案例进行归纳和总结。

"闻"就是"闻"团队层面。管理者要将当前的组织架构、人员分配、薪资构成、绩效考核制度等情况逐一列举出来。

"问"就是"问"自我层面。管理者要根据现状进行提问，如团队的结果目标与当初的计划目标为什么存在差距，没有达成过程目标的原因是什么，没有按计划施行策略的原因是什么，当前的组织架构出现了哪些问题，人员分配是否合理，薪资构成和绩效考核制度是否达到了激励员工的效果等。

"切"就是"切"问题层面。管理者要根据实际的案例来进行判断，这样就能找出问题所在。比如，销售部门和服务部门出现相互推卸责任的情况，这就说明组织架构的不合理让两个部门出现了隔阂，没有真正形成合力。针对这样的问题，管理者再去思考改进组织架构的方法和策略。这就是"对症下药"的过程。

通过对现状的了解和分析，管理者可以更为直接、客观、清晰地看到当前业务和团队的问题及改进方向，从而完善管理中的许多细节。

制订策略：找到目标达成的有力抓手

有了战略和目标，管理者需要找到实现战略和达成目标的策略，并在工作复盘中呈现出来。管理者可以将现状视为起点，将目标视为终点，策略就是连接起点和终点的路径。对管理者来说，策略同样分为业务和团队两个维度，这两个维度都服务于目标。

在业务策略方面，管理者首先要思考完成目标需要匹配什么样的业务资源，需要什么样的团队配置。然后，管理者要将这些需求和当前的现状进行对比，思考现在的业务资源缺少什么，团队需要补足哪方面的人才。最后，管理者思考如何获取业务资源，如何招揽所需要的人才。这些思考的结果就是业务策略和团队策略。

同时，管理者还要注意策略应尽可能地量化处理。比如，公司制定的目标是下一季度的业绩要比上一季度增长20%。通过分析，团队要达成这一目标需要在现有团队规模不变的情况下提高人效。那么，管理者一定要对于提高人效的策略做到可量化。

提高人效的策略不能是加强对员工的监督和辅导，因为这种说法不可量化，更像是一句空话。可量化的策略是指，销售人员每人每天增加两个客户的拜访量，每周进行3次销售话术演练，管理者增加3个员工的陪访，负责拉新的员工增加20%的拉新量等。管理者只有为策略制订清晰、可量化的标准，才能让团队的想法和规划在之后的工作中顺利落地。

制订策略的过程总结下来就是回答3个问题：我要什么？我有什么？我能付出和放弃什么？（见图3-4）如果管理者能够想清楚这3个问题，就能够制订出合理的策略。

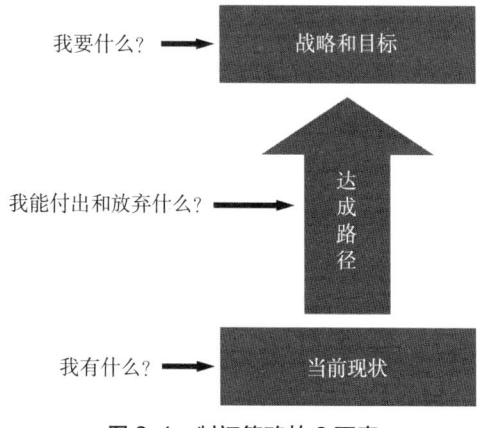

图 3-4 制订策略的 3 要素

阿里人常说："做正确的事，正确地做事。""做正确的事"是编制合理的策略规划，"正确地做事"则是聚焦策略，找到让策略能够顺利落地的方法。在工作复盘的过程中，管理者不能只展示策略规划，还要将策略落地的方法呈现出来。如果没有策略落地的抓手支撑，那么策略也只是空谈。

对管理者来说，策略落地的抓手其实就是保证关键过程指标完成的监督和辅导机制。比如，销售人员每天的拜访量是6个，管理者应该如何保证员工的拜访量能顺利完成呢？管理者可以将员工CRM（客户关系管理）系统的录入情况作为抓手，也可以通过早会、晚会、日报的形式对员工进行监督和辅导，还可以利用陪访机制和员工一起拜访客户。这些都是监督"6个拜访量"这一过程指标落地的抓手。

在聚焦策略的时候，管理者一定要先明确影响目标达成的关键过程指标，然后再围绕这些指标制订出有效的监督和辅导机制，这样策略就有了落地的抓手支撑。

在制订策略、聚焦策略的过程中管理者会发现，许多问题仅靠管理者自己是无法解决的。这时，复盘工作法就成为管理者"向上沟通"的重要工具，通过工作复盘这一场景管理者可以向上级领导寻求资源上的支持和协助。

在工作复盘的过程中，管理者可以展示提前准备好的"支持清单"，将达成目标和战略所需要的、必须且可行的支持逐一列在清单上，并给出合理的理由。很多时候，许多管理者不敢向上级索要资源，害怕这种行为是自身能力不足的表现。

事实并非如此。管理者可以换位思考，上级领导的目标是要通过管理者拿到结果，给予支持和帮助也是其工作的一部分。因此在工作复盘时，管理者一定要做到"向上沟通有胆量"。管理者只有让上级领导了解当前的工作情况，清楚需要提供哪些资源，才能让其更好地支持团队达成目标。

在工作复盘时，团队可以将上级管理者视为资源的分配者，通过"支持清单"让对方了解团队在开展工作的时候需要哪些资源，从而提升策略落地、目标达成的成功率。

规避风险：充分看到事物的两面性

风险把控也是管理者在工作复盘时需要呈现的内容。管理者制订的策略不可能是完美的，其中一定会有潜在风险。认清潜在风险，看到事物的两面性，这对处在计划阶段的管理者来说十分重要。

日本管理大师稻盛和夫说："要乐观构想、悲观计划、乐观实行。"在《京瓷哲学：人生与经营的原点》一书中，他写道："到了制订计划的阶段，在保持'无论如何必须成功'的强烈意志的同时，要悲观地审视构想，要设想到一切可能发生的问题，慎重周密地思考对策。"

所以，管理者不能只看到策略中"乐观"的一面，还要审视会导致策略失败的"悲观"的一面。管理者只有将影响策略施行的所有不利因素列举出来，做到心中有所预期，才能降低那些不可控的风险，进而提高策略的成功率。

比如，团队计划提高新增客户量，这时管理者要看到这一计划背后的种种风险，如拉新方法可能会对潜在用户造成骚扰，大量新增客户涌入可能会对产品线造成冲击，对新用户的优惠政策可能会伤害老客户对品牌的信任度等。管理者只有看到这些潜在的风险，并找出应对风险的方案，才能让策略变得更加完善。

用现在流行的话来说，应对风险就是"避坑"。当管理者认真审视策略并找到可能存在的风险后，还需要提前策划出解决方案，避免在真正面对问题时不知所措而做出错误的决定。

以提升销售人员的客户拜访量这一策略为例，团队可能面对的风险有两个：一是销售人员可能为了追求客户拜访的数量，而忽视了拜访质量，导致成单率降低；二是销售人员不愿面对新的压力和挑战，伪造拜访数据，或进行虚假拜访。

面对这两种风险，管理者可以通过每天开展"复盘会"的形式，让员工详细讲述拜访细节，以此来检查员工的工作质量是否达到标准，同时也能帮助员工解决所遇到的问题。管理者也可以建立回访机制，通过对客户的回访了解实际情况，以此避免风险。

在制订策略的过程中，管理者一定要具备"防患于未然"的意识，及时"查漏补缺"，这样才能保证团队的策略顺利执行，让成员更有把握地达成目标。

以上就是管理者工作复盘的3个步骤，这3个步骤是按照一定逻辑顺序推演出来的。管理者也可以根据实际业务情况制订属于自己的工作复盘思维模板，帮助自己理清策略、团队、结果等层面的思路，从而定好目标，做好策略，拿到结果。

第 4 章
如何完善工作复盘的流程

许多企业都有类似于复盘工作法的绩效管理工具。但是,这些工具都无法摆脱逐渐沦为走形式的困局。花费大量时间和精力进行工作复盘却看不到些许效果,这是许多管理者需要解决的难题。要想让工作复盘不沦为走形式,管理者要从工作复盘前、工作复盘中、工作复盘后3个方面入手,通过"实打实"的方法和技巧为员工指出问题、找到改进方法、提供前进的动力。

工作复盘前的三大准备工作

在给一些企业做管理咨询和培训的时候，我经常会讲到工作复盘。听完我的讲解，许多管理者都对它的神奇"功效"心驰神往，希望我在现场为他们进行工作复盘。面对这样的要求，我会直接拒绝。因为做工作复盘需要大量的前期准备工作，没有做足准备的工作复盘只会流于形式。

毫不夸张地说，一场工作复盘的成功并不在于工作复盘中的种种动作，而在于工作复盘前的准备工作。

对于工作复盘前的准备，管理者要投入大量的时间。我在前文提到过，工作复盘不是对员工的考验，而是对管理者的考验。在走进会议室的大门前，如果管理者头脑一片空白，既不了解做工作复盘的员工，又不了解他的工作，那么这场工作复盘只是在浪费双方的时间。因此在工作复盘前，管理者要做足功课，站在员工的视角了解员工的方方面面，这样才能在工作复盘中对员工提出好问题，给出好建议。

对管理者来说，工作复盘前的准备也是一个了解团队情况、磨炼管理能力的绝佳机会。有些管理者会抱怨员工对自己没有信任感，这是因为管理者对员工缺乏了解，也很少站在员工的角度看问题。

只有当管理者通过工作复盘前的准备去了解员工，才能在工作复盘中更好地和员工针对种种问题达成共识，这样彼此的信任感就会得到快速提升。当工作复盘前的准备工作越做越多时，管理者就会形成时刻关注员工的习惯和意识，从而在平时的工作中更好地帮助员工拿到结果。另外，工作复盘前的准备工作还能提高管理者的业务思维能力，帮助管理者搭建业务框架体系。

总之，在工作复盘前管理者一定要投入大量的时间和精力进行准备，这样才能发挥出工作复盘的真正作用。下面，我就从盘点业务数据和搜集工作案例、确认谈话基调、确定谈话策略这三大准备工作入手，帮助管理者了解工作复盘前的具体工作流程。

盘点业务数据，搜集工作案例

在工作复盘中，常常会出现这样的场景。

老板：小王，我觉得这次活动的宣传效果不好，需要在之后进行改进。

小王：但是这次宣传我们部门投入了大量的人力、物力，大家都在加班加点地进行宣传物料的准备和投放渠道的打通，最终也让这次活动得到了很好的曝光。我觉得这个过程没有问题。

老板：但是这次活动带来的销售业绩远远低于预期，说明宣传没有找到核心用户群体。

小王：我觉得我们找到了核心用户，销售业绩低是因为我们的产品没有满足用户需求。

老板：……

在上面的案例中，我们可以看到老板和员工针对活动效果差的问题有着不同的看法，谁也无法说服对方。造成这一情况的主要原因是老板在工作复盘前没有做好业务数据盘点和工作案例搜集，所表述的内容无凭无据，这当然无法得到员工的认同。

没有依据的工作复盘会造成沟通"空转"。在工作复盘的过程中，达成共识是沟通的基础，如果管理者和员工无法达成共识，那么双方的沟通就如同"鸡同鸭讲"，造成效率低下。所以在工作复盘前，管理者一定要做好业务数据盘点和工作案例搜集，为工作复盘做好谈话依据。

盘点业务数据

在工作复盘时，管理者要和员工就业务数据达成共识，这样整个谈话过程才能更顺畅。业务数据分为两个方面：一个是结果数据，另一个是过程数据。管理者要把结果数据放在第一位，如销售岗位的业绩结果、服务岗位的客户评分、产品岗位的开发进度等。在盘点出结果数据后，管理者就可以对结果数据与目标数据进行对比，从而得到一个清晰的评判依据。

之后，管理者还要盘点过程数据，检查员工有没有在规定时间内完成设定好的过程指标。以销售岗位为例，管理者可以通过拉新数量、客户拜访量、续签率、转化率等数据作为判断过程好坏的依据。好的结果与坏的结果的过程数据一定会存在差异。管理者通过这些差异可以找到一些好的数据，"揪"出一些有问题的数据，并探究造成数据好与坏的原因。之后，管理者就需要搜集员工的工作案例，以帮助员工探明真相。

搜集工作案例

搜集工作案例需要其他领导和员工的协助。如果做工作复盘的是管理者，那么他的上级领导就需要和他的下属及 HR 进行沟通，了解在上一阶段工作中他的管理出现了什么问题，有哪些行为是员工喜欢的，有哪些行为是员工反感的。如果做工作复盘的是基层员工，那么他的管理者就需要和团队中的其他员工进行沟通，了解在上一阶段工作中他的状态如何，在一些关键时间点他都做了哪些事情。

在沟通时，上级管理者一定要将谈话的焦点落到一件件具体的事情上，这样才能搜集到真实的工作案例。之后，上级管理者将业务数据与工作案例一一对应起来，这样就能看到下级管理者或员工的工作全貌。

确认谈话基调

在为工作复盘做好谈话依据后，我们就可以根据这些确认谈话基调。对于工作复盘的谈话基调，管理者要遵循"No Surprise"原则，工作复盘的结果不要超出员工的预期。

在阿里巴巴时，我的一个同事有过一次极为糟糕的工作复盘体验。当时，他的工作成绩非常优异，管理者找他做工作复盘，他觉得自己能够得到晋升。没想到在工作复盘的过程中，管理者不停地寻找在他工作中的各种问题，已经到了"从鸡蛋里挑骨头"的程度，而且没有一句赞美的话。这种谈话基调一下子激怒了他。于是，在极端的情绪下，他掀翻了会议室的桌子……

在工作复盘中，意外往往就是惊吓。如果员工自认为做得不好却得到了表扬，那么他就会放松对自己的要求；如果员工自认为做得很好却被严厉批评，那么极大的心理落差很可能会让他崩溃。

管理者要明白，损害员工心理预期的谈话基调会让工作复盘中的沟通变得十分困难，也很容易降低员工后续的工作热情与动力。所以，管理者一定要针对业务数据和工作案例的好坏来确认谈话基调，明确应是循循善诱，还是从一开始就给对方"一记重拳"。

其实，在工作复盘前确认谈话基调可以帮助管理者坚定立场。根据业务数据和工作案例，管理者已经能够明确对员工是应该表扬还是批评，是应该晋升还是降级，是应该提升绩效还是直接开除。当管理者提前确定好工作复盘的整体走向后，就可以根据这一结果来设置谈话基调，避免在工作复盘的过程中出现立场摇摆不定的情况。

另外，在确认谈话基调时，管理者和HR要进行深入沟通，针对不同员工的性格、入职时间、岗位特性等因素调整谈话基调。每个人对于批评的承受力是不同的。管理者不能对还未建立起信任感、刚入职的员工劈头盖脸地进行批评，也不能通过循循善诱让"老油条"员工发现自己的问题。所以，管理者一定要通过平时工作中的各种细节了解每个员工，这样才能在不同的人做工作复盘时找到合适的谈话基调，让沟通变得畅快无阻。

美国非暴力沟通专家马歇尔·卢森堡在《非暴力沟通》一书中引用了这样一句诗："语言是窗户，或者是墙。"在工作复盘中也是如此。如果管理者提前设定好正确的谈话基调，那么与员工的沟通就会是打开彼此内心的窗户；如果管理者不进行事先准备，而是在工作复盘中将糟糕的话语输送给员工，那么对方就会竖起一面墙，切断双方所有交流信息的可能。

总之，管理者能否设置一个正确的谈话基调，取决于其对员工的了解程度。只有当管理者投入大量的时间和精力去了解员工时，管理者才能收获工作复盘的真正价值。

确定谈话策略

在工作复盘的过程中,有些管理者常常不知道如何向对方提问,也找不到对方工作中的问题在哪里,或者找出的问题无关痛痒,不能触及事情的本质。其实,在工作复盘过程中,管理者不应该临时寻找问题和进行提问,而应该提前准备好。因此在工作复盘前,管理者需要确定谈话策略,帮助员工在工作复盘时有的放矢地沟通。

通过业务数据的盘点和工作案例的搜集,管理者已经能够找到不佳的数据和案例。接下来,管理者要站在自己的视角,尝试找出影响这些数据和案例的因素。

比如,员工的业绩目标没有完成,管理者要看一看他的核心过程指标完成得如何。假如员工完成得不好,管理者要根据工作案例找到原因,并分析是哪些行为造成他的过程指标没有完成,如工作事项过于繁杂、工作偷懒、业务技能不熟练、个人情绪状态不稳定等。

假如员工完成了过程指标,管理者也要根据工作案例找到其过程指标与结果数据有差异的原因,如数据造假、过程指标设定错误、只完成数量没有保证质量等。管理者在找到造成数据不佳的原因后,就找到了员工需要改进的地方。

以上整个过程其实也是工作复盘中的问题设置过程。管理者每推进一个层次,就会得到一个问题,这些问题便构成了谈话策略的框架(见图4-1)。

图 4-1 谈话策略框架图

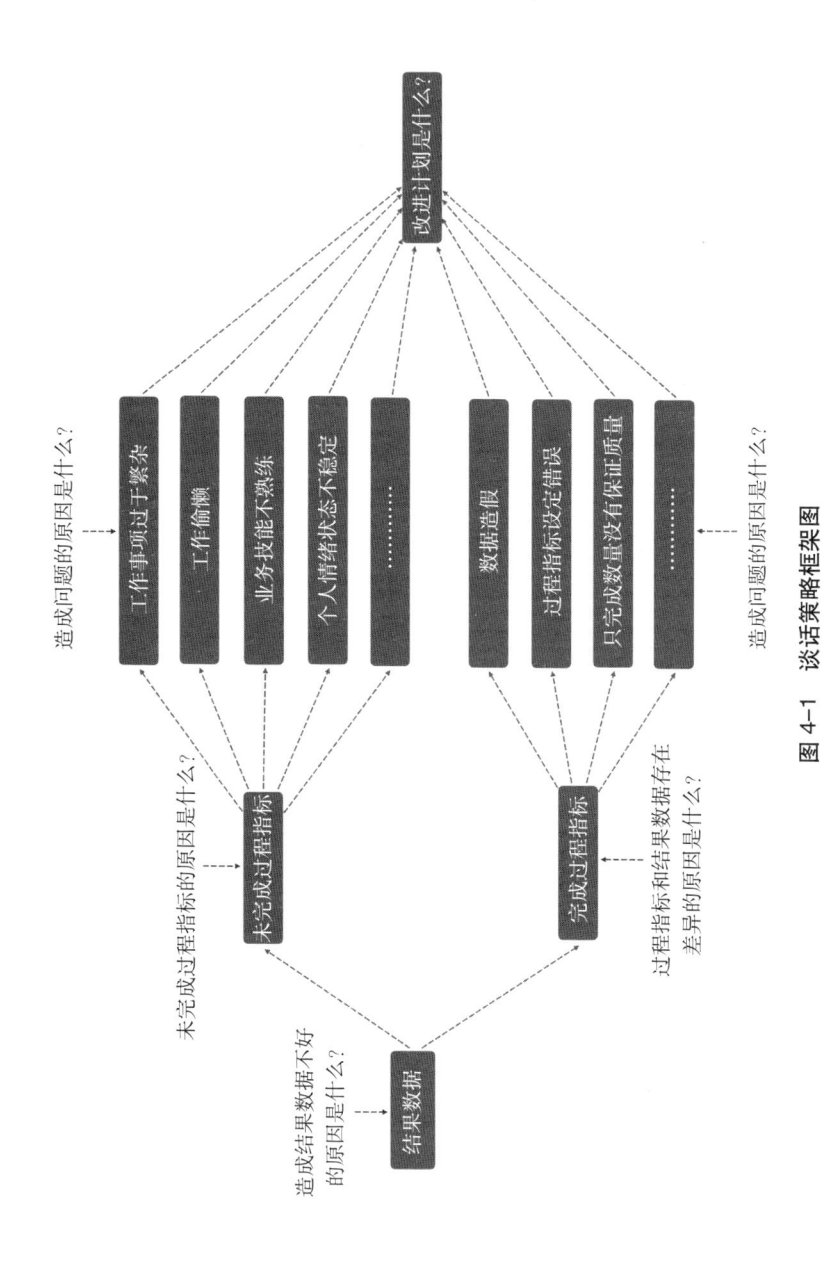

有了谈话策略的框架，管理者就需要从建立结构化体系、抓大放小、三好一改进这3个核心思路来填充谈话内容。

建立结构化体系

工作复盘十分考验管理者的结构化思维能力和对业务的了解程度。管理者需要根据业务构成建立结构化体系，明确当前业务中需要关注的几个核心方面及其重点分支事项。通过对业务结构的梳理，管理者可以将需要关注和了解的事项以问题的形式提炼出来，进而补充到谈话策略之中。

以服务岗位为例，管理者可以将关注点放在服务体系搭建、客户管理、服务团队搭建等方面，然后对每个方面都逐一列举出影响其进程的分支事项，并标注出当前的核心和重点，如服务体系搭建中的SOP（标准作业流程），客户管理中的CRM（客户关系管理）等。管理者可以根据结构化体系将核心问题梳理出来，帮助自己确定谈话策略。

抓大放小

在确定谈话策略时，管理者要秉承"抓大放小"的原则：抓住主要问题中的主要矛盾，对其进行深入分析；放掉细枝末节的问题，让沟通主干更加清晰。

有一次，一位管理者十分困扰地找到我，说："员工做工作复盘完全没有效果。您帮我分析一下原因是什么。"通过了解我发现，在工作复盘中这名管理者无论大事小事都要过问一遍，这不仅让员工感到厌烦，而且应当重点解决的问题也被一带而过。在工作复盘结束后，员工表示十分"心累"，不仅觉得自己的工作受到了质疑，而且也没有从管理者那里得到任何有效的帮助。之后，我将"抓大放小"的原则告诉这名管理者，并向他说明"盘问"式谈话的缺点都有哪些，最后他的困扰得到了解决。

事无巨细的提问，往往会影响管理者的判断，让核心问题隐藏在其他问题背后，同时也会造成员工的反感。管理者不能指望通过一次工作复盘就解决所有问题，而应重点解决影响业务结果和员工成长的关键问题，这样才能帮助团队和组织获得显著的提升。

三好一改进

在制订谈话策略的过程中，管理者要尽可能地做到"三好一改进"。"三好一改进"就是指管理者先指出员工 3 处做得好的地方，再指出员工 1 处需要改进的地方。管理者在和员工沟通的时候，如果一直都在指出对方的缺点，而没有任何肯定和赞扬，那么这将极大地打击员工的自信，甚至让对方失去改进的动力，最后破罐破摔。但在管理者肯定和赞扬员工的优点后再提出改进建议，往往能帮助员工建立自信，同时激发其改进的动力。

在运用"三好一改进"原则时,管理者要保持真诚的心态,不要用赞扬来给员工施加压力,而应怀着感激的心情赞扬对方。赞扬包含3个表达部分:第一,员工做了什么事情使团队的工作得到了改善;第二,员工做了什么事情使团队的需求得到了满足;第三,团队对于员工的感受如何。表述清楚这3点,员工会在很大程度上认识到自己的工作价值和意义,并在之后的工作中继续发扬这些优点。管理者可以参考下面的案例来设计具体的表达方式。

管理者:小李,你在工作中承担了许多分外的事情,让团队工作变得更加高效,这点非常好。

员工:谢谢您的肯定。

管理者:你的做法给了我很大启发,让我对招聘人才模型有了新的思路,之后我希望能让更多像你这样优秀的人加入团队。

员工:能够帮助到您我很高兴。

管理者:我也很感谢你的付出,你让我对团队的发展更有信心了。

员工:请您放心,之后我会继续保持下去。

之后,管理者又像这样对该员工的两个具体行为提出表扬。

管理者说:当然,我这边还有一个改进建议。我想如果你能在个人成长方面投入更多的精力,那么你在完成工作的时候会更加得心应手。对于这一点,你觉得呢?

员工：您说得对。在业务知识方面我还有所欠缺，工作中也确实因此遇到了一些阻碍。之后我会多进行学习，不断提高工作效率。

……………

从以上案例中可以发现，管理者在表扬员工的时候列举了对方的具体行为，同时也表达了自己的感受。这在很大程度上会让员工在之后的工作中继续保持这些正面行为。"三好一改进"原则能够给予员工改正问题的信心，会让其觉得"我身上有这么多优点，只要再把这个缺点改正就完美了"。

管理者可以借鉴上面案例中的表达方式，提前思考如何去赞扬员工的优点，以此完善谈话策略。

工作复盘前的准备工作一定要做充分。这就像是一场考试，裸考会让管理者束手无策，最终只能得到一个糟糕的成绩。因此，管理者只有在考前进行充分的学习和准备，才能获得优异的成绩。

工作复盘过程中的三大动作

工作复盘前的三大准备工作为整场工作复盘奠定了一个良好的基调和方向。之后，管理者要根据事前做好的准备，一步步完成工作复盘中的各项环节。

完成一场高质量的工作复盘的核心就在于做好实现工作复盘落地的三大动作——员工表述、双向沟通和管理指导。这三大动作按照顺序层层推进，考验的是管理者的结构化思维，以及透过现象看本质和赋能员工的能力。只有做好工作复盘过程中的三大动作，才能让员工真正感受到工作复盘"进门有准备，出门有力量，过程有痛苦，每次有期待"的魅力，从而不让复盘工作法沦为形式化的"扒皮"工具。

员工表述：真实呈现工作情况

员工表述是工作复盘过程中"打头炮"的环节，目的是让员工通过表述真实地呈现工作情况。这一环节主要分为员工和管理者两个方面的动作。

员工方面

在表述环节中，员工需要用15~20分钟来详细讲解提前准备好的PPT（演示文稿），内容包含表述结果、表述过程、表述规划3个部分，真实地呈现上一阶段工作的结果和过程，以及对下一阶段工作的规划和落地方法。员工可根据自身的实际情况来调整这一环节，灵活掌握具体的流程细节，如需要提前准备的材料、表述时长、表述内容等，避免工作复盘流于形式。

表述结果

员工需如实表述上一阶段的工作结果，其中包括工作内容介绍和工作结果展示。在工作内容方面，员工可逐条列出自己的主要工作。在工作结果方面，员工需要用具体的数据直观地呈现最终的工作结果。

以销售岗位为例，员工首先要将主要的工作内容一一列举出来，如用户调研、客户拜访、电话销售、销售方案制作、客户回访等。然后，员工要用具体的业务数据呈现最终的工作结果，如销售额、付费客户量、不同产品的销售量等。对于一些如文案、产品经理、视频编辑等技术型岗位的员工，可以用完成数量、工作进度值、用户反馈数据等表述工作结果。

在表述结果时，员工一定要用可量化的数据，避免出现"很多""一些""不错"等表达模糊的形容词，要用具体数据为参与工作复盘的管理者提供一个直观的判断标准。

表述过程

在表述过程阶段，员工可针对过程数据、过程问题分析、改进计划等方面进行表述。员工要尽可能地从自身出发，挖掘工作中的主观问题，避免出现推卸责任、避重就轻等情况。

同样以销售岗位为例，员工可以先列举出几个影响业绩结果的关键数据，如用户触达量、用户转化率、拉新量等。然后，员工根据数据找出过程问题并分析其原因，如用户触达量过少、销售话术不熟练、缺少拉新动作等。最后，员工根据分析结果提出相应的改进计划，实现"今天的最好表现是明天的最低要求"。

表述规划

在表述的最后环节，员工要展示出下一阶段的工作目标、工作策略和个人成长规划。

在这一过程中，员工要注意工作目标可量化、工作策略可落地和个人成长紧靠实际工作这3个原则。员工要明白，不可量化的目标没有判断依据，不能落地的工作策略华而不实，与实际工作无关的成长规划只能算是虚有其表。所以，员工一定要以真实、坦诚的态度进行表述，避免出现"假大空"的规划和不切实际的承诺。

管理者方面

在员工表述环节中，管理者要将展示的舞台完全交给员工，让其从自己的视角进行单向表述。管理者以倾听为主，不要做出打断、挑毛病等干预行为，要抱着支持、鼓励、协助对方的心态。当员工因紧张、内向，出现表达逻辑混乱、表述内容过少的时候，管理者可以对其进行些许引导，如用鼓励的话语让员工放松心情。管理者这样做的目的是希望员工多表达，从而让更多真实的问题暴露出来，以便之后在沟通和指导环节能够给员工提出更贴切和真诚的建议。

还要注意的一点是，除了倾听员工的表述，管理者还要重点考察员工对于内容的准备是否认真、充分。比如，我在给员工做工作复盘前，员工需要提前一周将PPT发送给我，如果不合格就要返工重做，因为一场高质量的工作复盘要有充足的准备作为基础。另外，许多新员工对工作复盘缺乏认知，管理者要提前帮助这些新员工准备工作复盘的表述环节。管理者可以通过事前开会强调工作复盘的重要性，制作并发放工作复盘的PPT模板，委派老员工进行辅导等方式，让新员工迅速建立对工作复盘的认识，帮助其在员工表述环节呈现出良好的表现。

双向沟通：透过现象看本质

在员工表述结束后，会进入工作复盘的重要环节——双向沟通。双向沟通在工作复盘中是拨开表象、挖掘本质的过程。对管理者来说，做好这一环节要面临很大的考验，需要具备透过现象看本质的能力。

在这一过程中，管理者和员工要通过工作结果和过程来共同发现和分析问题，抽丝剥茧，找到问题背后最本质的原因，最终达成共识，从而对下一阶段的工作方法、数据和结果起到借鉴和警醒的作用。

在沟通的过程中，管理者一定要遵循"三分提问，七分倾听"的原则，每发现一个问题，都可以对员工进行追问，一直追到问题的本质上去。

双向沟通需要从以下 3 个维度进行。

结果维度

在结果维度方面，管理者首先要与员工对既定目标达成共识，然后再对结果与目标的差异进行层层分析，最后找出员工工作的核心问题。通过这个过程，管理者基本能够看清事情的全貌，对员工哪里做得好、哪里有问题也能一目了然。

在结果维度中，管理者和员工有 3 个具体方面需要沟通：聊目标、看结果、给评价。

聊目标

聊目标需要管理者和员工一起回顾在上一阶段定下的目标是什么，以及当时员工对于目标有着怎样的期许。这是一个找回初心的过程，能够帮助进行工作复盘的双方树立起一个清晰的判断标准。

看结果

在明确好原定目标后，管理者要通过数据盘点的形式，看看实际的结果与目标之间的差异如何，实际结果是否达到了预期，做到用结果和数据说话。

阿里巴巴的团队在工作复盘的过程中，会要求员工提供详细的数据结果，管理者和员工通过对数据进行深度思考和沟通，最终发现问题所在。当员工的工作结果不好时，管理者常常会想到这样一句土话："或者是态度问题，或者是能力问题，或者两者都有问题。"在管理者把隐藏在数据背后的本质问题"揪"出来后，要与员工一起分析为什么会出现这样的情况，并思考没有达成目标的原因，比如团队状态不好、工作方法有问题等。

当然，管理者不仅要发现问题，还要找到解决问题的方法。在阿里巴巴，这个"找出问题，解决问题"的过程也叫"不断给药的过程"。

管理者与员工能否在结果维度中找到根本问题及解决方法，其关键在于管理者对于业务的了解程度。当管理者在和员工一起看结果的时候，一定要有一个清晰的思维框架，要提前明确自己应该关注哪些方面，要提出哪些问题，培养自己透过数据看待问题的能力，否则就容易一头雾水，被数据的"海洋"吞没。

比如我在给运营部门的员工做工作复盘时，一定会从业绩目标、体系搭建、组织能力这3个层面去看他的数据和结果，从中找出问题，并和员工进行深入的沟通。

给评价

通过结果与目标的对比，管理者将得到一个清晰的反馈，并要根据反馈当场给予员工或表扬、肯定，或批评、惩罚。在这一过程中，管理者一定要给出清晰、明确的评价，不可模棱两可，不能当"老好人"。管理者也可以通过打分的形式给员工更为直观的反馈，使其清晰地认识到自己上一阶段工作的完成情况是否理想。

过程维度

看完结果管理者还要看过程。只有好结果没有好过程的工作只能算是昙花一现，因为管理者无法从中总结、复制工作方法。只有好过程没有好结果的工作只能算是空中楼阁，因为这既不务实，又违背了绩效导向的原则。因此在工作复盘时，管理者一定要将员工的工作结果和过程结合起来，正确看待两者之间的关系。

过程维度的重点是管理者根据团队的实际情况制订标准，并与员工达成共识，最后按照这个标准来判断员工工作结果的好坏。过程维度强调员工完成工作的策略和方法。关于过程维度，我总结了以下4种类型（见图4-2）及应对方法。

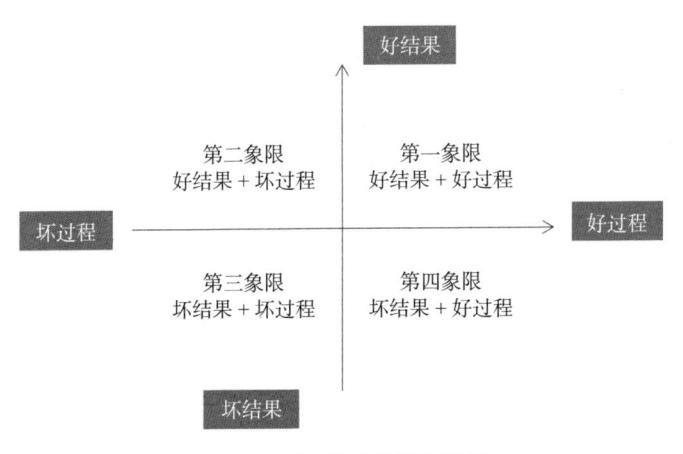

```
              好结果
                ↑
                |
   第二象限     |    第一象限
   好结果+坏过程 | 好结果+好过程
                |
坏过程 ←————————+————————→ 好过程
                |
   第三象限     |    第四象限
   坏结果+坏过程 | 坏结果+好过程
                |
                ↓
              坏结果
```

图 4-2　过程维度类型象限图

好结果＋好过程

管理者可以让员工将优秀的工作方法进行总结，并在团队内部分享、复制。在阿里巴巴，每次工作复盘结束后，表现优异的员工总会将自己准备的内容在团队中分享，使好的工作方法得到全面复制。

好结果＋坏过程

管理者要警醒员工，找出造成结果好但过程坏的关键因素，比如是否因为前几个季度的铺垫和积累在本季度刚刚发挥成效。如果是这种情况，员工就要提高警惕，因为本季度的不良表现将对未来的结果造成严重的影响。因此，管理者不能推崇唯结果论，不能沉浸在好结果的满足之中，而要长远地看待问题。

坏结果＋坏过程

管理者要先看员工改进的意愿度，如果员工意愿度不高，管理者要直接进行"棒喝",必要时还要让员工签署绩效改进计划书。如果员工之后连续两个季度都如此,管理者要坚持"心要慈,刀要快",对其做出辞退的处理。

坏结果+好过程

管理者要审视整个过程,透过现象看本质,追问员工是过程造假,还是工作技能出现问题。

规划维度

阿里人常说:"今日因,明日果。"管理者要明白,员工当下的工作结果不是一时造成的,只有未来的结果才是由当下决定的。所以在与员工沟通的过程中,管理者要重视员工对后续工作的规划,只有这样才能在未来收获好的结果。

规划维度要聚焦在下一阶段员工对于目标、成长、团队3个方面的计划上。

聊目标

管理者与员工沟通下一阶段的整体目标,帮助员工明确目标,并探讨目标的可行性。

聊成长

管理者要对员工的成长抱有期许,和员工沟通他未来的期许和职业规划,帮助他找到前进和努力的方向,并和他一起明确具体的目标达成路径和方法。

聊团队

管理者一定要和员工聊一聊他对团队的建议和期许,让员工明白"因我而不同"的道理，使团队增强凝聚力和向上力。

管理指导的"揪""照""闻"

员工表述和双向沟通主要针对业绩和业务层面展开，管理指导则聚焦于赋能员工这一层面。在整场工作复盘的最后阶段，管理者要通过"揪头发""照镜子""闻味道"这3个动作来赋能员工，使员工"出门有力量"，并用管理指导的方式帮助员工进一步成长，给予员工目标激励、成长激励和价值激励。管理指导非常考验管理者的功力。一个优秀的管理者能够通过这3个动作一针见血地帮助员工发现自身问题，提供有价值的建议，最终让员工获得力量。

"揪头发"

"揪头发"是指管理者让员工上升一个台阶看问题，从而提升其眼界，培养其向上思考、全局思考和系统思考的能力。比如，做工作复盘的是业务专员，管理者要让他从管理者的角度看问题；做工作复盘的是基层管理者，管理者要让他从区域管理者的角度看问题。"揪头发"共有两个维度。

维度一：让员工看到当前工作的全景

管理者要让员工看到当前工作的全景，从点、线、面、体的维度全面看清事物，拓宽其视野，培养其全局思维。员工不能陷入工作的一个点，否则就会不知道自己做这件事的原因和价值，逐渐失去动力。所以，管理者要帮助员工"揪头发"，让其上升一个层面看问题，真正融入整体业务战略。

管理者要让员工看到自己当前的工作与公司整体业务战略布局之间的关系，看到这项工作在同行业中的位置，从而帮助他通过一个个点逐渐与战略布局连接成线、成面，最后形成整体。

以我现在的团队为例，我们团队希望以"阿里巴巴管理者基本动作"这一课程为切入点，帮助管理者获得成长、取得成功，之后再逐步扩大课程领域。

但在工作复盘时，有的课程研发成员认为该课程内容太过基础，只涉及日常管理场景。之所以产生这种想法，是因为他们没有看到外部客户的需求和公司的战略布局。

这时，我会帮助他们"揪头发"，让他们明白对企业而言，管理是一个大问题，许多管理者看似懂管理，实际上连管理的一些基本动作都做不好，更不要说上升到战略、组织等层面。当管理者帮助员工认识到他当前工作的意义时，员工才能真正为企业创造实际的价值。

维度二：让员工看到公司发展的前景

管理者能够最大程度赋能员工的，就是让他看到公司发展的方向和希望。员工如果看不到公司的发展前景，就会产生疑虑和不信任感。因此，管理者要把员工当成真正的伙伴，主动将公司的发展规划告诉他们。

还是以我自己的团队为例，在工作复盘时，我会告诉员工公司的未来愿景：成为一家教育科技公司，最后发展成一家互联网公司。我会将公司未来 3 年、5 年、10 年的规划清晰地展现在员工面前，给予其力量，让其看到自己工作的意义和价值。

"照镜子"

管理者与员工相互成就，要彼此成为对方的镜子。在给员工"照镜子"的过程中，管理者要将自己所看到的东西客观、真实地反馈给员工，真诚地为对方提供建议。在工作复盘过程中，"照镜子"分为两步。

第一步：明确职业生涯规划

管理者要帮助员工明确职业生涯规划，看看其是否真心喜欢、热爱现在所做的工作。员工只有从喜欢与热爱出发，才能全情投入工作，展开沉浸式学习，不断提升自己。因此在"照镜子"的过程中，如果管理者发现这项工作不是出于员工自身的兴趣，这时就要大胆、真诚地给出一些建议，帮助其更好地找到自己的定位和方向。

第二步：明确自我认知

管理者要通过"照镜子"的方式帮助员工不断明确自我认知。很多员工的工作能力没有问题，他们绩效不达标的根本问题是对自己没有清楚的认识和目标规划。这时，管理者需要帮助员工明确自己的阶段性目标，引导他们树立未来1年、3年、5年的目标。管理者要让员工清楚自己想要成为什么样的人，明白自己有什么、想要什么，以及能够放弃和付出什么，帮助他们明确自己的使命、愿景和价值观，并用正确的理念去引导他们，点燃他们心中的那团火。

"闻味道"

在整个工作复盘的过程中，员工会呈现出工作里的方方面面。管理者要通过这些"闻味道"，看看员工的言行表现与公司的价值观是否匹配。通过员工对阶段工作的总结和对未来工作的规划，管理者可以判断其是否能够成为志同道合的伙伴，能否一起走得更远。

阿里巴巴是一家极其重视价值观的公司。因此在工作复盘时，管理者会根据"客户第一、团队合作、拥抱变化、激情、诚信、敬业"这6个方面重点考察员工的价值观。由此可以看出，"闻味道"考验的既是管理者对于企业文化的理解，也是管理者的洞察力。管理者要能够通过"闻味道"来判断员工对于客户价值、团队价值的理解，对于诚信、敬业等价值的认同。

工作复盘过程中的三大动作是帮助员工成长、为员工赋能的有效工具。管理者一定要对员工的价值观足够了解，以理解和支持的心态帮助员工不断成长，迸发出激情与力量。

工作复盘后的三大效果检验

面对面工作复盘环节的完成并不是工作复盘的终点。在工作复盘后，管理者还需要进行大量的落地工作。跟踪进度、在岗辅导和阶段复盘是帮助工作复盘落地的3个效果检验动作。管理者对此需要投入时间和精力，并通过三大效果进行验证，形成工作复盘的闭环，从而保证其发挥出应有的作用。

跟踪进度

通过工作复盘，管理者能够找出员工需要改进和提升的地方并明确下一阶段的工作规划。在工作复盘结束后，管理者一定要认真跟踪员工的改进和规划落实情况，否则一切都将成为空谈。管理者要明白，员工不会做你希望的事，只会做你检查的事。团队的执行力就是管理者的执行力，员工的底线就是管理者的底线。因此，管理者一定要跟踪员工的工作进度，杜绝"嘴上说一套，实际做一套"的情况，避免工作复盘的价值被敷衍了事的态度摧毁。

在工作复盘过程中，管理者负责工作改进计划、个人成长规划和下一阶段工作目标3个需要跟踪落地的事项。针对这3个方面，管理者要建立起跟踪体系，从日到周、从周到月地进行落实。跟踪体系可以根据企业的实际情况和当前业务情况进行制订。下面的一些思路可以供管理者参考。

其实，无论是工作改进计划、个人成长规划还是下一阶段工作目标，这些都停留在制定目标的层面，而跟踪进度是制定目标的过程。跟踪进度要从日到周，从周到月，"一米宽，一百米深，一把钢尺量到底"地坚决执行。团队可以建立"三报四会"体系，通过早报、周报、月报，早会、晚会、周会、月会跟踪员工在工作复盘后的落地情况。

例如，管理者可以在"三报"模板中列出工作改进计划、个人成长规划和下一阶段工作目标3项内容，让员工以日、周、月为单位，在"三报"中记录自己的完成情况。

管理者也可以在早会时根据员工当天的工作事项，来判断其有没有将工作复盘时规划的内容融入实际工作。如果没有，管理者可以及时对其做出点评并给出调整建议。

在晚会时，管理者可以回顾员工一天的工作，检查员工有没有将早会时提出的内容认真落实。如果没有，管理者要在晚会结束后和员工进行一对一的沟通，找到没有落实的原因并将其解决。

在周会和月会中，管理者可以让员工讲一讲一周或一个月以来，自己在工作改进、个人成长、下一阶段工作目标 3 个方面的进展，将自己的心得和经验分享给大家。

总之，管理者在工作复盘后时时跟踪员工的工作进度情况十分重要。管理者要针对自身实际情况建立跟踪体系，让其成为有效的管理抓手，使工作复盘中结出的"种子"落地生根。

在岗辅导

在工作复盘的过程中，管理者会发现很多问题是员工自己无法解决的，这时就需要在工作复盘后通过在岗辅导的方式帮助员工成长。在岗辅导分为两种形式，一种是集体辅导，另一种是个性化辅导。当发现大部分员工都存在共性问题时，管理者需要进行集体辅导；当发现员工存在个性问题时，管理者需要进行个性化辅导。

集体辅导

集体辅导就是指培训。管理者要知道，一场培训无法影响或改变工作的最终结果。因此,管理者要做的是建立培训机制,通过长期的机制来保证员工的成长。培训不是开个培训课程这样简单,而是管理者要针对业务和人员构成,认真规划培训内容,其中包括培训后的实际操作训练等。

培训体系建立的第一步就是设定培训周期。管理者要根据企业和业务需求来设定培训周期。如运营和销售岗位要面对快速的环境变化和许多复杂的工作场景,所以培训周期就要设定得相对较短,阿里巴巴的销售岗位甚至会以日为单位进行培训。而像一些技术岗位的培训周期相对较长,可以以周为单位进行培训。

我刚开始在阿里巴巴工作的时候,白天要去拜访客户,晚上回到公司就要在培训会上做总结,将一天中遇到的问题和经验分享给所有人,让好的方法在团队中得到复制,而那些不知如何解决的问题也在团队的帮助下找到了解决方法。到了第二天,我又带着新的方法进行工作。这样的培训每天都会进行,从而使阿里巴巴销售人员的工作能力不断提高。

在设定好培训周期后,管理者要将培训人员划分为新人系、专业系、管理系3个培训系统,让培训机制能够覆盖全体员工,让每名员工都能从新人成长为业务能力过硬的人才,最后晋升为管理者。

新人系培训的主要内容是熟悉产品、业务模式、业务技能、企业文化等方面;专业系培训的主要内容是对特定岗位人员的专业技能知识的提升;管理系培训则面向所有管理者和管理储备人才，主要提升他们的领导力、管理力和组织能力。

管理者一定要加强对集体辅导的重视，不能让培训只浮于表面，要将培训前的准备工作，培训中的流程和内容，培训后的反馈和实践工作落实到位，这样才能不断地促进员工成长，从而帮助员工落实规划、达成目标。

个性化辅导

个性化辅导也叫情境辅导，主要针对个别员工出现的个性化问题进行纠正，管理者需要在实际场景下对员工进行一对一的实际操作教学。个性化辅导要遵循32字指导方针，它分为两个部分：一个是对事，即"我做你看，我说你听，你做我看，你说我听"；另一个是对人，即"动之以情，晓之以理，诱之以利，绳之以法"。

"我做你看，我说你听，你做我看，你说我听"

面对员工无法完成具体工作事项的情况，管理者要按照"我做你看，我说你听，你做我看，你说我听"这16字方针辅导员工。

"我做你看"是指员工在面对复杂工作不知道该如何做的时候，管理者就要亲自进行示范，手把手地将方法教给员工，以达到"眼见为实"的效果。

"我说你听"是指管理者只向员工演示如何去做是不够的，还要告诉对方为什么这样做，这样做的好处是什么，这背后的逻辑是什么，从而达到理解深刻、举一反三的目的。

"你做我看"是指在教会员工怎样做之后,管理者要在现场进行检查,在实践中验证员工是否真的能够按照所教的方法进行工作。在这个过程中,员工如果出现错误,管理者可以及时指出并再次进行辅导。

"你说我听"是指员工要将自己学到的知识进行总结和提炼,再次讲给管理者听,以此验证自己是否真的理解了方法的本质。管理者可以将自己当作学生,将员工当作老师,让员工在教学相长的过程中加深对知识的理解和感悟。

以辅导管理者为例,有些刚刚上任的管理者开不好早会。

在我曾经所在一个团队中,有位管理者刚刚得到晋升,因为没有管理经验,他把早会开得非常形式化,这不但没有发挥早会的作用,还浪费了团队宝贵的时间。在工作复盘时,我发现了他的这个问题,决定加强对他的个性化辅导。

我先进行"我做你看"的环节,代替他为其团队开早会,并让他在这个过程中旁听、学习。在早会结束后,我和他单独沟通,进行"我说你听"的环节。我告诉他,早会的目的是激发团队活力,所以早会的流程要简短,展开要高效,氛围要积极向上。早会也是为了让员工明确自己每天的工作目标和工作事项,因此管理者在发现员工工作安排不合理时要及时纠正。

第二天,我开始"你做我看"的环节,自己作为旁听者参加这个团队的早会,检查他是否能够高质量地完成早会。这次早会的效果令我比较满意,但是我还要确保他真正理解了早会的本质。所以，我进行"你说我听"的环节，让他准备一次关于"如何开好一场早会"的心得分享，检验他是否真正明白了早会的本质和目的，同时让他在分享的过程中进一步加深对早会的理解。

通过这次个性化辅导，这名管理者将早会越开越好，让自己团队中的每名员工都带着激情与活力投入一天的工作。

"动之以情，晓之以理，诱之以利，绳之以法"

在为员工做个性化辅导时，管理者不能只关注事情，还要关注人。管理者只有真正走入员工的内心，激发他们学习的动力，才能让辅导呈现出应有的效果。因此在个性化辅导的过程中，管理者要秉承"动之以情，晓之以理，诱之以利，绳之以法"的原则。

"动之以情"要求管理者站在员工的立场去思考问题，并与员工产生共情。当员工出现个性化问题的时候，管理者不能一味地批评指责，而要主动理解员工的心情，并将这种理解的情绪传递给员工，避免对方出现自责、难过、逃避等负面情绪和行为，而是积极地接受后续的辅导。

"晓之以理"需要管理者站在客观的角度向员工摆事实、讲道理，告诉对方什么样的行为是正确的，什么样的行为是错误的，同时列举出一些数据和工作案例加以佐证，让员工从本质上认识到自己的错误并接受改正错误的方法。

"诱之以利"是指管理者向员工指出改正问题、纠正错误的好处是什么。很多时候，员工反复出现同一个问题，是因为他不知道改正问题能够为他带来什么好处。这时，管理者就要捅破这层"窗户纸"，告诉员工改正这个错误能够提升你的业绩，能够给你带来更多收入，能够提高你的工作效率，能够提高你的业务能力等。这样就能激发员工寻求改变的动力。

"绳之以法"是管理者最后的"杀手锏"。当"动之以情""晓之以理""诱之以利"都无法让员工纠正自己的错误时，就要对其做出相应的惩罚，而且罚就要罚到员工心痛，让他明白出现错误会伤害自己的实际利益，只有"吃一堑长一智"才能获得成长。

管理者要注意的是，在岗辅导大多依靠集体辅导，很少依靠个性化辅导。因为，个性化辅导无法形成体系，且节奏较慢，效率较低，员工也很难获得一个良好的学习氛围。同时，团队规模越大，个性化辅导占据管理者的时间和精力就越多。因此，只有当管理者发现员工存在个性问题的时候，才会选择个性化辅导。

阶段复盘

工作复盘不是一蹴而就的，管理者不能指望通过一次工作复盘解决所有问题。实际上，工作复盘是在循环往复中不断上升的，这样才能帮助员工不停地成长。第1章有提到，复盘工作法是推动PDCA循环的重要工具，这也意味着工作复盘一定要阶段性、持之以恒地进行。每进行一次工作复盘，无论是员工还是管理者都会得到一次成长，随着这种成长的不断叠加，会产生从量变到质变的效果。

实际上，管理者每天、每周、每月、每季度都要进行工作复盘，只是呈现形式不同。

我现在所在的团队有这样一项制度，管理层每周都要召开一次会议，我称其为"管理论坛"。在会议上，每位管理者都要向大家展示本周的工作情况、出现的问题、解决问题的方案，以及下一周的工作目标和规划。每当一位管理者展示完毕，其他管理者就要轮流针对这些内容提出问题和建议，目的是让管理者从各自的视角帮助其他人看清事物的本质。

在"管理论坛"制度刚刚推行的时候，几乎所有管理者都感到很痛苦。有的管理者曾向我抱怨："这种形式简直就是一周一次工作复盘！"但是，随着时间的推移，大家的抱怨声消失了，取而代之的竟是期待。如果会议因为特殊情况不能按时召开，大家也会在当周的其他时间将"管理论坛"制度落实下去。因为大家发现，这种形式加快了所有人成长的速度，为工作带来了很大帮助。

从上面的例子可以看出，工作复盘并不拘泥于形式，只要持之以恒地进行就能发挥其应有的作用。比如，晚会复盘是以日为单位进行，周会复盘是以周为单位进行，带有考核标准的正式复盘是以月和季度为单位进行。这样管理者就能够保证员工的实际工作与目标、计划相吻合。但如果工作复盘的周期过长就会出现很大的偏差。

另外，阶段复盘是避免员工的期望与实际考核结果出现极大偏差的有效工具。员工可以在较短的周期内得到有关自己的反馈，能够保持对自己的清醒认识，从而达到自我评价与他人评价相统一的效果。因此在工作复盘后，管理者要制订好阶段复盘的计划，并严格实施和监督。

在阶段复盘中，以日、周为单位的工作复盘是管理者需要关注的重点。管理者要想完成结果目标，需要大量的过程目标给予支撑，而以日、周为单位的工作复盘就是保证过程目标顺利完成的重要工具。

以日、周为单位的工作复盘主要考察3点：一是员工的工作待办事项与过程目标是否相符，二是员工是否完成工作待办事项，三是员工在工作过程中是否出现问题。以日、周为单位的短周期工作复盘更侧重于总结，能够帮助员工一次又一次高效地完成PDCA循环，从而提高个人成长速度。

比如，管理者可以在晚会的时候检查员工当天待办事项的完成情况并给出明确评价。如果员工全部完成，则管理者给予其表扬，没有完成，管理者视原因给予其批评或辅导。之后，管理者询问员工在工作过程中是否遇到问题，如果遇到问题是否有明确的解决办法和改进方案。在这一过程中，管理者可以提出建议、给出方法，帮助员工更好地总结经验和解决问题。最后，管理者需要检查员工在第二天的工作待办事项，判断待办事项与过程目标是否相符，如不相符则给出调整建议。

在工作复盘后，管理者要根据企业需求和业务情况合理安排阶段复盘的时间周期，和员工一起做好每天、每周、每月、每季度的总结，让工作复盘成为团队的良好习惯和点燃激情的火花。

与其他让工作复盘流于形式的企业不同，阿里巴巴之所以能够将复盘工作法用到极致，很大程度在于其通过工作复盘完成了两个统一：组织和个人的统一，人和事物的统一。

工作复盘能够将组织和个人有机地结合在一起，帮助员工了解自己努力工作的价值和意义。许多员工认为自己是在为老板和团队工作，这时，管理者可以通过工作复盘让员工认识到工作是为了让自己成长，实现自我价值，公司只是为员工提供平台，想要收获成功就需要通过自身的努力。通过工作复盘，管理者可以将组织的需求传达给员工，也可以了解员工自身的需求，进而找到两者之间的联系，使两者有机地结合起来。

工作复盘还可以将人和事物结合在一起。有些企业在做工作复盘时，常常只是在展示数据，检查数据有没有问题。如果没有问题，双方说一些客套话就结束了。阿里巴巴的工作复盘则是通过数据挖掘工作案例的本质，进而发现员工的工作理念和逻辑。只有让员工保持正确的工作理念和逻辑，才能获得良好的工作结果。因此，工作复盘也是一个由事及人的过程。

为了避免工作复盘流于形式，管理者一定要实现组织和个人、人和事物的统一。为了达到这两种统一，管理者需要做好工作复盘前、工作复盘中、工作复盘后 3 个阶段的落地动作，这样才能保证工作复盘发挥真正的作用。

第 5 章

个人复盘如何做才能让员工自省

俗话说:"己所不欲,勿施于人。"管理者要时常进行反思、自省,不断找出自身的问题,提高管理能力。管理者要用好个人复盘这一自我反馈的工具,了解其价值和意义,通过找到契约人,设立"独立空间",形成稳定的个人复盘模式,建立思考清单等步骤进行反思,用"照镜子"的形式建立清晰的自我认知。

什么是个人复盘

《孟子》中有这样一句话："仁者如射，射者正己而后发。发而不中，不怨胜己者，反求诸己而已矣。"这段话的意思是行仁德的人就像射箭的人一样，要先端正自己的姿态然后再放箭，如果没射中，不要埋怨那些胜过自己的人，而是要反过来找自身的原因。这段话意在强调自省的重要意义。

一个人能否快速成长往往要看他能否经常自省。从一定程度上说，大部分成功人士都是善于自省的人。如阿里巴巴的创始人马云通过自省，从一个被无数公司拒绝的失败求职者，成长为被全世界关注的企业家。他为自己起的花名是"风清扬"，为自己的办公室取名"思过崖"，就是在时刻提醒自己要自省。

很多人都知道自省是一种良好的品质，但是在面对自己的问题和不足时，还是会选择忽视或逃避。除了人性本身的原因，这很大程度上是因为许多人不知道如何自省，他们既没有自省的动力，也没有自省的方法。而阿里巴巴为所有员工提供了个人复盘这一工具，帮助他们系统、科学地进行反思和自省。通过这种高效的方式，阿里巴巴培养出了一大批人才。

作为管理者，更需要培养自省的品质，通过个人复盘达到自我成长、自我突破的目的。下面，我们就一起来看一看到底什么是个人复盘。

个人复盘是对自身现状的反馈

通过个人复盘，团队成员可以清楚自己的绩效水平和工作问题，以自我检查的形式监督自己的工作进展，保证目标达成的过程中不出现偏差和风险，消除不良因素带来的影响和阻碍，让工作能够更为高效、顺畅地进行。

个人复盘具有很强的自我审视属性。在进行个人复盘的时候，团队成员不能被个人主观意识和情绪所左右，而应以客观的角度看待自身的问题和不足，检查自己当前的工作情况是否匹配公司、上级的期望，以及个人的发展愿景。

在个人复盘时，团队成员需要从自身的工作情况和公司的绩效需求两个方面进行对比和反思，找出哪些方面达到或超过了公司要求，哪些方面离公司期望还有一定距离。在通过对比得出结论后，团队成员要继续保持好的方面，要深度挖掘有问题的方面，并找到解决和改进的方法。

在对自己进行绩效反馈的过程中，团队成员可以尝试通过表格的形式进行对比并发现问题。团队成员可以参考表5-1，制订符合自身实际情况的自我绩效反馈表，帮助自身看清真实工作情况，找到问题和解决问题的方法，为个人复盘输出清晰、明确的结果。

表5-1 自我绩效反馈表

自我绩效反馈表					
原定（周、月、年）关键目标			实现（周、月、年）结果		
项目	考核目标	考核标准	项目	实际结果	差异
个人工作总结			分析工作原因		
吸取经验			主观原因	客观原因	其他原因
工作教训			达成原因		
下（周、月、年）工作计划					
项目	结果目标	过程目标	未达成原因		

同时，在个人复盘中，团队成员还要将自身现状与个人愿景进行对比，在强化个人愿景的同时，看到现状与愿景之间的差距。在工作中，团队成员只有认清自己的现状，强化自己的目标和愿

景，才能让团队获得长足的发展。

很多时候，团队成员的成长取决于两种张力：情绪性张力和创造性张力。就像是在两只手上套着的一根皮筋，一侧是创造性张力，一侧是情绪性张力（见图5-1）。创造性张力是对愿景的追求，能够不断将团队成员向上拉动，加快其成长的步伐。情绪性张力则是成员看到自身现状后的负面情绪，会将其向下拉动，阻碍其成长。

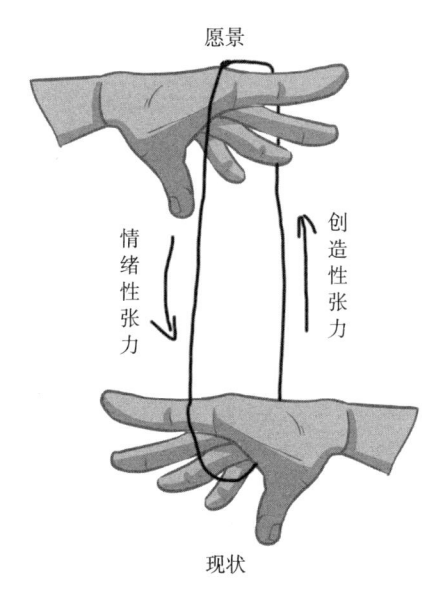

图5-1 情绪性张力与创造性张力

比如某团队成员想要完成一项读书计划，目标是一年看完100本书，以此丰富自己的知识储备。如果这种想要成长的愿景十分强烈的话，员工就会发挥创造性张力，制订并严格执行读书计划，优化读书方法，提高读书效率，总结并运用从书本上学到的知识。但是，如果员工的愿景不够强烈，那么他每天晚上看半页书就睡着了，对于睡眠，看书比吃安眠药还要有效，这种得过且过的情绪性张力会阻碍目标的达成。

在工作和生活中，每个人都有过向现状妥协的经历。这些现状是消极的、负面的，所带来的不良情绪会阻碍人们前进的步伐。如果没有对愿景的追求，人们将坠入现状的"深渊"。个人复盘的关键作用就是帮助团队成员认清现状，强化愿景，看到现状与愿景之间的差距，并找到方法和策略弥补这一差距。

团队成员能够通过个人复盘增加对愿景和现状的认识，提高创造性张力，减少情绪性张力，获得实现愿景的动力，消灭现实中出现的问题，让向上拉动的力度超过向下拉动的力度，从而实现个人的快速成长，向着自己的愿景和目标不断靠近。

个人复盘的价值与意义

日本管理大师稻盛和夫在《京瓷哲学：人生与经营的原点》中写道："在每天忙碌的生活中，我们很容易迷失自我。因此，必须有意识地养成自我反省的习惯。这样做，就能够改正自己的错误和缺点，提升自我。"

个人复盘的价值与意义就在于通过自省来提升自我。这是非常难的一件事，但是如果团队成员能长期自律地执行下去，就能快速提升个人能力，打开思维和视野，提升格局和思想高度，最终获得全方位的成长。

要知道,"如果你不担心自身的问题,那么你就要担心了"。人都是有惰性的,克服惰性的过程往往就是成长的过程。在某些情况下,人们会容忍自己存在问题和不足,因为要解决这些问题和不足过于困难,需要花费很多时间和精力。其实,这样的做法是恶性循环的开始。团队成员越是不去解决问题、弥补不足,越会让工作效率下降、工作量增多,自己面对的压力和挑战也越来越大,最后造成不良的后果。

相反,如果团队成员能够通过自省的方式,及时发现并解决问题,虽然在当下个人要付出一定的"代价",但是问题一旦解决就能为个人带来长久的优势和利益。因此,团队成员不要害怕解决难题,不要图"一时方便"而放弃了长远的成长价值。进行个人复盘就是在为自己投资,就是用现在的时间和精力换取未来的成长和成功。

自我评价是相对困难的,因为人们很容易看到自身好的一面,忽视坏的一面,这是由每个人潜意识中的自我保护机制造成的。我们可以设想下面的场景。

当你走出办公室时,看到两名员工正在窃窃私语,从他们口中还隐约听到了自己的名字。但是,他们一看到你,立马停止了嬉笑,略带尴尬地回到各自座位上。这时,你的心情会是怎样的?或许是愤怒,或许是失落,又或许是难堪。在负面情绪的驱使下,你会下意识地想:他们是在说我的坏话吗?他们不应该说我的坏话!我要找他们谈谈!

但是,如果抛开这些主观意识,用客观的视角先去认真审视自身问题的话，你会这样去思考：为什么我会觉得他们在说我的坏话？是我的管理方法出现了问题让他们感到不满？是我平时和他们的沟通不够？是我最近没有处理好和他们之间的关系？还是因为我本身就对这两个人有偏见，主观推断他们就是在说我的坏话？

认真思考上面的例子我们就会发现，如果当时的自己处在主观情绪之中，不仅不会让问题得到根本解决，而且之后很有可能做出破坏团队氛围的行为。但是，如果我们认真思考这件事背后的原因，或许能更为准确地找到问题的答案，直接从根源上解决问题。

团队成员只有客观、清醒地看到主观情绪下真实的自己，才能找到解决问题的方法，否则只会沉浸在情绪之中，影响工作的进展。这也正是个人复盘重要的价值和意义所在。个人复盘可以通过一定的流程和模式帮助团队成员排除主观情绪的影响，让其更为客观、清楚、准确地认知自我，发现问题，改正问题。

曾子曰："吾日三省吾身。"反思是一种非常可贵的品质。团队成员可以通过个人复盘系统地进行阶段性反思，从而不被主观情绪束缚，理性地看待自身的优点和不足。在自我审视的过程中超越自我，培养强大、勇敢、坚韧、顽强的意志；在自省的过程中获得成长，实现自我价值。

如何进行个人复盘

个人复盘具有一定的灵活性，其视角可大可小，既可以审视某一阶段的个人目标、发展方向和使命愿景，也可以审视自己的行为与方法。

但是，个人复盘的灵活不代表随意，它不是简单的个人总结和偶尔的反思，而是要通过一定的流程和方法才能获得效果。因此即使是个人复盘，团队成员也要以严肃、认真的态度来对待，形成周期性、持续性的模式和具有个性化的流程，让这一工具真正帮助组织高效、快速地成长。

下面就让我们一起来看一看，一场高质量的个人复盘要如何进行。

找到契约人，建立契约关系

要知道，个人复盘需要团队成员具备强大的自我约束能力和自律能力，这样的能力不是一时形成的，它需要一个循序渐进的过程。每个人或多或少都有惰性，会在不经意间放松对自己的要求。所以，团队需要一个有效的机制来保证个人复盘的顺利落地，即契约人机制。

在进行个人复盘前，团队成员首先要找到一个契约人，和他建立契约关系，这样才能保证个人复盘有人监督和约束，并严格地执行下去。

什么样的人是契约人的合适人选呢？首先，他应该是你工作上的伙伴，对你的工作情况有充分的了解。其次，你和他之间要有一定的信任，你能坦诚地接受他对你的督促、检查、批评和建议。最后，他最好是一个拥有自律、自省品质的人，能够严格地把控个人复盘的进度。

当然，以上的条件是较为理想的情况。其实，只要能够让个人复盘落地，团队成员可以灵活地选择适合自己的契约人。就像我本人，每年都会找到3位"师傅"，以他们为标杆，旨在"向榜样学习，与高手过招"。从某种意义上来说，他们也是我个人复盘的契约人。

在找到契约人后，团队成员要和对方建立有效的契约关系，可以通过书面或口头承诺的形式，来约束双方的监督动作和执行动作。

同时，双方可以设置一些有趣的奖惩措施。比如，如果团队成员没有按时完成个人复盘就要请契约人吃一顿饭，如果契约人忘记检查团队成员的个人复盘结果就要请对方喝一瓶饮料。通过这种略带玩笑性质的奖惩措施，可以激发团队成员对个人复盘的积极性，提高重视程度。

当时，我和我的契约人约定，如果我没有高质量地完成一次个人复盘，就送他一本管理类书籍；如果他没有认真监督我的个人复盘进展，就要送给我一本书。最后的结果是，我每次都按时、认真地执行个人复盘，我的书架上现在还摆着那位契约人在无奈之下送给我的几本彼得·德鲁克的经典书籍。

与契约人达成的契约关系主要包括以下几点。

契约人要全面了解团队成员的个人工作和复盘情况

契约人可以从以下几个方面了解团队成员的情况。个人复盘的固定时间是什么时候？个人复盘的周期是怎样的？最近遇到的工作困难有哪些？在这次个人复盘中，最想解决的问题是什么？有哪些问题是一直想解决但迟迟没有改进的？……回答这些问题可以方便契约人更好地对团队成员的个人复盘进行监督和检查。

契约人需要在每次个人复盘结束后检查结果

检查是工作复盘的重要环节。由于个人复盘的特殊性，团队成员不仅需要在工作复盘过程中检查自身的问题，还要在结束后让契约人检查工作复盘的结果和流程，做好二次把控。这样才能保证个人复盘实用、有效。

契约人要评估团队成员在个人复盘中的改进计划是否有效

个人复盘一定要有明确、清晰的结果输出。要知道，所有工作复盘的根本目的都是成长。如果团队成员在个人复盘后没有形成改进计划，那么这次工作复盘就是失败的。

同时，在个人复盘结束后，团队成员还要将改进方案交给契约人进行评估，让对方从局外人的视角来评判其改进计划是否切实可行，是否有需要调整的地方。很多时候，"当局者迷，旁观者清",他人的建议能够让改进方案更为全面、完善,从而使个人复盘获得更好的落地效果。

和契约人建立契约关系是个人复盘成功的基础,能够帮助团队成员严格、认真地将这种个人自省机制落实。久而久之,团队成员会将个人复盘当作是必不可少的环节,并从中收获成长的快乐与成就。

给自己设立"独立空间"

个人复盘的地点选择十分重要,团队成员需要找到一个安静且不被外界打扰的"独立空间"来进行这项活动。

试想一下,你是一位繁忙的管理者,每天团队有大量的问题等着你处理。如果你将个人复盘的地点设在办公室,很可能每过5分钟,就有人来找你探讨某个问题应当如何解决。在不断被打扰的情况下,个人是无法集中精力去思考的。

个人复盘要求团队成员在精神高度集中的情况下审视自己。因此,团队成员要选择合适的时间、合适的地点,在不被外界打扰的情况下完成个人复盘。

> 稻盛和夫非常喜欢自省。在自省的时候,他常常会找一个"独立空间"来让自己专注起来,一方面为了不被别人打扰,另一方面也是为了不打扰别人。
>
> 在《京瓷哲学:人生与经营的原点》一书中,他记录了自己自省时的样子。

"发出声音念叨'神啊，对不起！'这便是我的反省方式。如果白天有傲慢自大或得意忘形之举，在回到家中或下榻酒店后，我便会立刻开口说：'神啊，对不起！'

在反省时，我还会说'神啊，谢谢！'这句话的意思是'神啊，对不起！请饶恕我刚才的态度，并谢谢您让我察觉到自己的错误'。由于我在反省时会大声说出来，如果旁人听到，可能会误以为我的精神有问题，那就太难为情了。因此，我在反省时，总是会待在自己的房间，或者找个地方独处。"

稻盛和夫通过自省，带领京瓷集团进入了"世界500强"。他在自省的过程中为自己设立"独立空间"的方式值得团队借鉴。

"独立空间"应具备以下几个要素。

独立的时间

个人复盘需要一段完整的时间，让人沉下心来反观自我。如果管理者总是为了满足他人的需求而不断被打扰，那么其原本连贯且具有逻辑的思维就会被扰乱，个人复盘的效率就会降低，从而浪费宝贵的时间。

因此，团队成员尽量选择在工作之余且不被家人打扰的时间段进行个人复盘，不能在进行工作复盘的时候被家人叫去做家务或者带孩子。当然，创造独立的时间并不容易，所以团队成员要和家人做好沟通，告诉他们个人复盘对于自身的价值和意义，以获得他们的理解、认同和支持，从而争取到属于自己的独立时间。

当然，团队成员也可以早一点儿到达公司，晚一点儿离开公司，或是利用午休的时间进行个人复盘。这也是一个不错的选择。

独立的地点

个人复盘的地点尽量选择在一个静谧的空间，可以是书房、卧室、办公室等，最好不要有旁人干扰和分散注意力。在个人复盘的过程中，团队成员一定要尽可能地排除一切干扰，专注于自身，在"忘我"的境界里审视自己的问题、细节和状态。

没有导致分神的因素

在设立"独立空间"时，个人一定要远离能引起自己兴趣的事物，避免因自控能力不足而分神，排除任何导个人复盘失败的隐患。比如，有些人喜欢玩游戏、看小说，那么就要将游戏机、小说放得远远的，不要出现在自己的视线范围以内。特别是手机，要尽可能调为静音甚至关机放到一旁。因为，这种现代娱乐产品会在不知不觉中占用大量时间。

不要轻易相信自己的自控能力，要对自己严格要求、严加约束。个人复盘本身就是一件十分痛苦的事情，会让人产生逃避、退缩的心理。在缺少外界因素的约束下，个人只有凭借自己创造的"独立空间"，依靠想要获得成长的期望与动力，才能顺利地完成这项艰巨的工作。

当然，进入"独立空间"的最高境界是，无论身处何方，无论白天深夜，都能随时随地专注于自我反思。这种境界需要将个人复盘培养成一种习惯，让反思的品质无时无刻地伴随着自己才能达到。我希望大家都能通过努力修炼，早日达到这种"忘我"的境界。

形成稳定的个人复盘模式

要想使个人复盘展现出长期价值，就要形成一个适合自己的、稳定的个人复盘模式。

做任何事情都贵在坚持，个人复盘也是如此。在刚开始的几次个人复盘中，团队成员可能会因为复盘模式的不成熟和对个人复盘的理解不深刻，无法很好地发挥其应有的价值。但是，只要持之以恒，不断探寻、摸索并形成一套稳定的模式，个人复盘将会为团队带来不可估量的价值。

对于个人复盘的时间周期，团队成员可以根据自身工作情况进行合理的安排。一般来说，因为个人复盘具有及时反馈绩效水平的作用，所以团队成员进行个人复盘的时间周期不宜过长，以每周一次为宜。团队成员在周末可以抽出 1~2 个小时的时间，认真回顾、总结这一周的目标完成情况及个人工作进展，并从中发现问题、找到解决方法。

和其他形式的工作复盘一样，个人复盘也分为前期准备、中期执行、后期落地3个过程（见图5-2）。

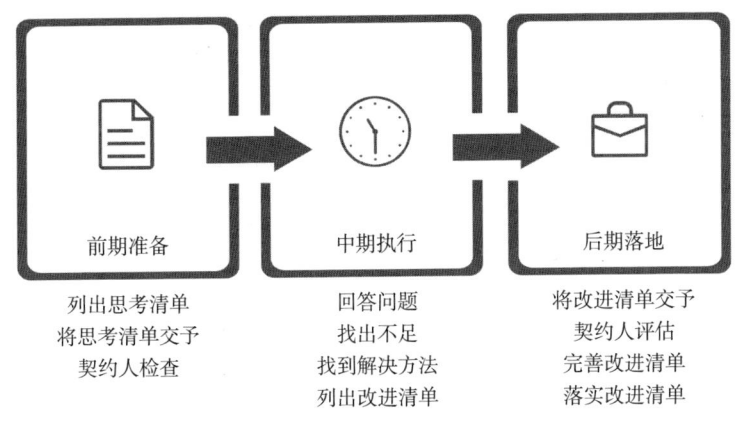

前期准备	中期执行	后期落地
列出思考清单 将思考清单交予契约人检查	回答问题 找出不足 找到解决方法 列出改进清单	将改进清单交予契约人评估 完善改进清单 落实改进清单

图5-2 个人复盘的3个过程

前期准备

在前期准备的过程中，团队成员需要提前思考在个人复盘中需要探寻和解决的问题。和工作复盘的原则类似，个人复盘需要遵循的原则是"三分问，七分答"。团队成员需要通过自问自答的形式来审视自身的真实情况，探究问题背后的根源。所以，在个人复盘开始前，团队成员需要提前准备好要追问自己的问题，列出详细且具有逻辑的思考清单。

所谓"思考清单"，就是将自己要在个人复盘时进行的"三分问"写出来。问题可以包含以下几个层面。

个人愿景

我最大的梦想是什么?
我要成为一个什么样的人?
我想要度过一个怎样的人生?
我现在做的事情和我的愿景有什么关系?
我的现阶段目标是什么?
…………

个人成长

我为了实现目标付出了怎样的努力?
我有没有制订个人成长计划?
我有没有学习能力?
我最近看了哪些书?对书中的哪些知识进行了实践?
我是否完成了之前对个人成长的承诺?
…………

工作目标

我现阶段的工作目标完成了吗?
是什么阻碍了我的工作进展?
我制定的工作目标合理吗?
为了完成目标我还要付出哪些努力?

我需要他人的哪些支持和帮助来更快地完成目标?
…………

工作过程

我的过程指标的完成情况如何?
有哪些过程指标完成得好?为什么?
有哪些过程指标完成得不好?为什么?
在工作过程中,我运用了哪些好的方法?
有哪些因素导致我工作效率下降?解决方法是什么?
…………

急需改进的问题

哪些问题如果不马上改进会造成严重后果?
改进这些问题能为我带来怎样的优势?
改进这些问题的方法是什么?
何时将改进方法落实?
如何判断我已经将问题完全解决了?
…………

需要改进但迟迟没有行动的问题

我有哪些需要改进但一直没有付之行动的问题?

这些问题存在多长时间了？
我为什么没有改进这些问题？
我要如何改进这些问题？
改进问题的时限是多少天？
……

之所以列举以上这些不同层面的问题，是为了给团队成员带来一些启发。团队成员可以针对自己的实际情况，列出属于自己的思考清单。团队成员要注意，清单中的问题要问到本质，不能避重就轻，自欺欺人。

进行个人复盘也要遵循实事求是和坦诚表达的原则，提问越尖锐，越有助于团队成员将自己的问题暴露出来，这样才能收获成长。

在准备好思考清单后，团队成员要找到契约人，把思考清单交给对方检查。如果契约人从自己的角度给出修改建议，那么团队成员可以视建议的合理性修改思考清单。

中期执行

在保证拥有"独立空间"的前提下，团队成员可以开始进行个人复盘。

在个人复盘的过程中，团队成员首先要拿出准备好的思考清单，针对清单上的问题一一作答。在回答问题时，团队成员要做到"刨根问底"，要对每个问题都进行补充提问，直到发现问题的根源和自己应承担的责任。

比如团队成员要回答：我为什么没有改变这个长期存在的问题？如果答案是工作太忙没有时间的话，那么团队成员还要继续追问，工作太忙和没有解决问题存在必然联系吗？我是否正是因为没有解决问题才使工作效率下降，让工作"显得"很忙？工作太忙是不是我逃避问题的一个借口？

当团队成员不停地展开追问时，就会发现，自己常常会找许多借口来掩盖自身的缺点和不足。团队成员通过提问将这些借口一一击破，就能看到事情的本来面貌。这些面貌可能十分丑陋，但是团队成员要勇敢地面对它们，让其变成改变的动力。

在找到问题的根源后，团队成员还要不停地追问用什么样的方法来解决问题，逼迫自己想出更为完善、更为高效、更为切实可行的方法。

这是一个自我突破的过程。团队成员要在"还有其他方法吗？"、"还有没有其他的可能性？"、"这个方法行之有效的方面有哪些？"、"这个方法存在什么风险？"、"这个方法的优势和劣势分别是什么？"等追问中不断突破自我的思维局限。

通过个人复盘，团队成员每一次解决问题的过程都是对自我的超越。慢慢地，专注于个人复盘的团队成员将化茧成蝶，成为一个拥有极强的独立思考能力的人。

在个人复盘时，团队成员要形成完整的书面记录，将每一个问题的解决方法都及时记录下来，形成一套完成的改进方案。

我将通过个人复盘形成的改进方案称作"改进清单"，因为其中要包括具体、清晰、可操作的改进动作，便于团队成员之后根据这一清单落实改进方案，并在下一次个人复盘中进行落地效果的检查，以此形成完整的个人复盘闭环。

有了改进清单就意味着个人复盘有了良好的输出结果，之后团队成员就要进行后期落地的动作了。

后期落地

在完成个人复盘后，团队成员要再次找到契约人，将改进清单交给对方检查、评估。

其中，与检查不同，契约人的评估分为两个层面。第一个层面是评估这次个人复盘的结果是否有效，是否得出了切实可行的改进结果。如果答案是否定的话，团队成员就要反思在个人复盘中自己的态度是否认真、流程是否存在问题等，并对个人复盘进行一次总结。

第二个层面是契约人站在自己的视角，评估改进清单是否可以继续调整，并给出调整意见，团队成员可以根据意见来完善改进清单。在确定好清单后，团队成员就要按照清单的指导自觉、认真地落实改进动作，并在下一次个人复盘中对改进结果进行总结。

个人复盘需要一套严谨的流程和模式来保障落地效果。团队成员不能因为个人复盘不是公司强制的要求，而是自发的行为，就放松对自己要求。

阿里巴巴有句话："要驱动别人，先点燃自己。"你的努力程度决定了你将看到什么样的风景，承担什么样的责任，展现什么样的自我，活出什么样的未来。团队成员要通过个人复盘这一工具，来满足发自内心的渴望成长的需求，在不断的自我磨炼中成就更好的自己。

"照镜子"是个人复盘的有效工具

"照镜子"是个人复盘中非常实用的工具。团队成员可以通过"照镜子"看到自己的内心世界，认清自己的现实状况，明确自己的定位、目标和愿景，在不断认知自我的过程中找到方向、纠正方向，并规划出清晰明确的达成愿景的路径。

"照镜子"是阿里巴巴管理"三板斧"中的重要内容，是一个认识真实自我的过程。在"照镜子"的过程中，团队成员既要肯定自己的优点，又要找到自己的问题和短板。

"照镜子"分为两个方面，一是以自己为镜，二是以他人为镜。以自己为镜可以纠正思维方式，突破思维局限，坚定自我愿景，找到自我价值。以他人为镜可以使人更加客观、全面地认识自己，获得更加真实的反馈和评价，并提供不同的角度来审视自身，更好地认知自身的行为和问题。

下面我将详细阐述如何在个人复盘中做到"照镜子"。

以自己为镜

在个人复盘中以自己为镜来观察自身，可以使团队成员理性、冷静地面对自身的缺点和不足。

在心理学中,有这样一个概念叫作"元认知"。人们平时看待一个事物的思考过程叫作"认知",而元认知是指人们对自己思考过程背后隐藏的原因的探寻和理解。比如,有人因为别人对自己不够尊敬而感到愤怒,这就是他对"不够尊重"这件事的认知,而元认知是需要去思考"我为什么会因为别人对自己不够尊敬而感到愤怒"。

是因为自尊心太强吗?是过于傲慢而误以为他人的行为对自己有所冒犯吗?是因为缺乏平等待人的认知吗?是因为虚荣心过剩,希望别人总是奉承自己吗?对愤怒背后隐藏的原因的探索和挖掘就是在建立自己的元认知之上的。

这样的过程其实就是让人们站在第三视角来看待问题,以局外人的身份去冷静、客观地认识真实的自己。

在看待一件事物的过程中,人们往往会带有主观偏见和情绪。这些主观意识会为人们对事物本质的判断和思考加上一层有色滤镜,不利于其准确地发现问题的根源。如果我们难以看清事物的本质,就无法高效地解决问题。

因此,在个人复盘中,团队成员要以自己为镜,客观而真实地探究引发自己情绪背后的原因到底是什么。要尽可能地还原事物原本的色彩,黑就是黑,白就是白,不因自己的好恶和偏见而改变,也不因自己的情绪和情感而扭曲。因此,在个人复盘的过程中,团队成员要通过对自己深层的剖析,以理性、冷静的心态来审慎思考。

而从实际操作的层面看,我将以自己为镜的过程总结为"追命六问"(见图5-3)。如果团队成员在个人复盘的过程中能够将

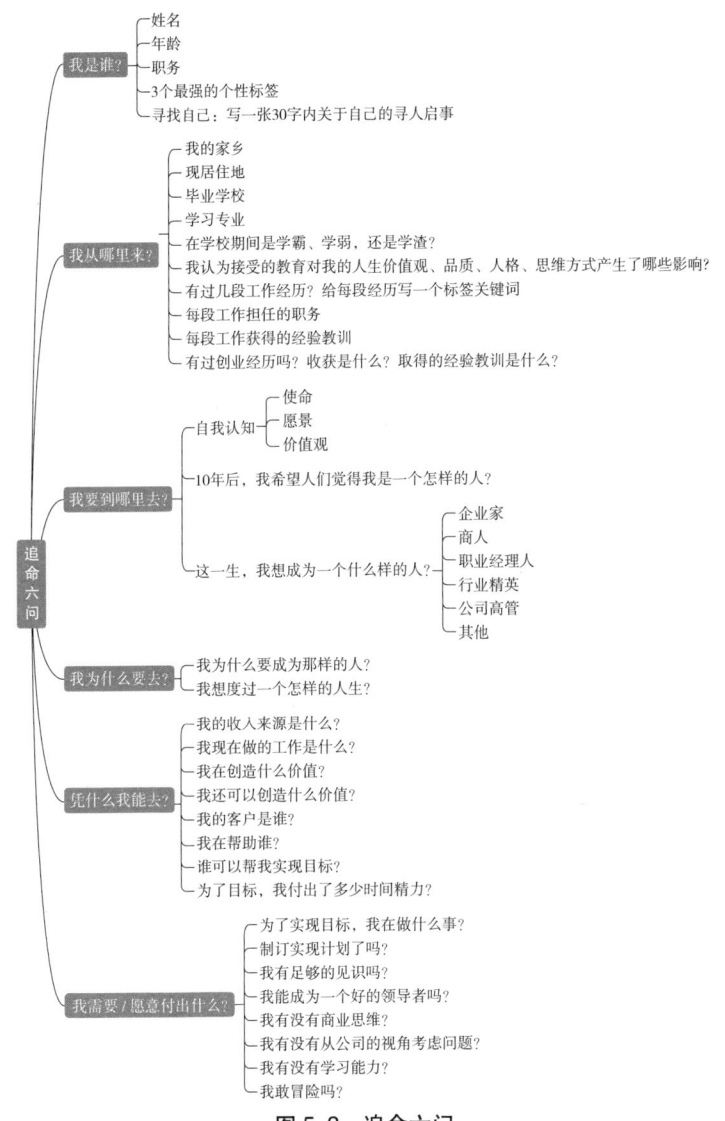

```
                          ┌─ 姓名
                          ├─ 年龄
              ┌ 我是谁? ──┼─ 职务
              │           ├─ 3个最强的个性标签
              │           └─ 寻找自己：写一张30字内关于自己的寻人启事
              │
              │               ┌─ 我的家乡
              │               ├─ 现居住地
              │               ├─ 毕业学校
              │               ├─ 学习专业
              │               ├─ 在学校期间是学霸、学弱，还是学渣?
              ├ 我从哪里来? ──┼─ 我认为接受的教育对我的人生价值观、品质、人格、思维方式产生了哪些影响?
              │               ├─ 有过几段工作经历? 给每段经历写一个标签关键词
              │               ├─ 每段工作担任的职务
              │               ├─ 每段工作获得的经验教训
              │               └─ 有过创业经历吗? 收获是什么? 取得的经验教训是什么?
              │
              │                              ┌─ 使命
              │               ┌─ 自我认知 ──┼─ 愿景
              │               │              └─ 价值观
追命         │               │
六问 ────────┤ 我要到哪里 ──┼─ 10年后，我希望人们觉得我是一个怎样的人?
              │    去?       │                             ┌─ 企业家
              │               │                             ├─ 商人
              │               │                             ├─ 职业经理人
              │               └─ 这一生，我想成为一个什么样的人? ─┼─ 行业精英
              │                                             ├─ 公司高管
              │                                             └─ 其他
              │
              ├ 我为什么要去? ┬─ 我为什么要成为那样的人?
              │               └─ 我想度过一个怎样的人生?
              │
              │               ┌─ 我的收入来源是什么?
              │               ├─ 我现在做的工作是什么?
              │               ├─ 我在创造什么价值?
              ├ 凭什么我能去? ┼─ 我还可以创造什么价值?
              │               ├─ 我的客户是谁?
              │               ├─ 我在帮助谁?
              │               ├─ 谁可以帮我实现目标?
              │               └─ 为了目标，我付出了多少时间精力?
              │
              │                      ┌─ 为了实现目标，我在做什么事?
              │                      ├─ 制订实现计划了吗?
              │                      ├─ 我有足够的见识吗?
              └ 我需要/愿意付出什么? ─┼─ 我能成为一个好的领导者吗?
                                     ├─ 我有没有商业思维?
                                     ├─ 我有没有从公司的视角考虑问题?
                                     ├─ 我有没有学习能力?
                                     └─ 我敢冒险吗?
```

图 5-3　追命六问

"追命六问"仔细回答一遍，就会获得一个十分清晰、明确的自我认知。

"追命六问"是以一个问题框架的形式来让团队成员更为客观、全面地认识自己，帮助团队成员回顾自身工作情况、认清现状、坚定愿景。其实，这也是从更具象的角度达到工作复盘"总结过去、了解现在、提升未来"的目的。

回答"我是谁？"和"我从哪里来？"的目的是让团队成员回顾自己的人生，看到自己的失败经验和成功经验。团队成员要学会正确地看待自己的过去，从经验和教训中收获成长，让过去的时光赋予自身力量。

回答"我要到哪里去？"和"我为什么要去？"是在让团队成员思考自己的愿景，并坚定追求愿景的决心。其实很多团队成员都有梦想，但是他们缺乏追求梦想的动力，原因是他们没有从根本上剖析自己为什么会拥有这样的梦想。

> 我认识一个朋友，他对我说自己的梦想就是"赚到足够的钱"。当时，我问他："你为什么想要实现这样的梦想？"面对我的提问，他有些惊讶，说自己从来没有想过这个问题。我没有资格评价他的梦想正确与否，不过，如果他无法想清楚为什么要有这个梦想，那么他的梦想就会变成一句空口号。

因为爱慕虚荣而赚钱和为了改善自己和家人的生活而赚钱是两个完全不同的出发点。不同的出发点会在根本上决定其能否实现梦想。

所以,在个人复盘的过程中,团队成员要明确自己的愿景,并挖掘愿景背后的动因到底是什么,这也决定了追求梦想的动力是强还是弱。

回答"凭什么我能去?"和"我需要/愿意付出什么?"是让团队成员认清自己的现状,并找到达成目标的方法和路径。团队成员只有清楚自己现有的资源都有什么,在达成目标的过程中需要付出什么,才能规划出一条通往成功的路径。

《大学》中有一句话:"物有本末,事有终始,知所先后,则近道矣。"这句话启示我们,做任何事情都要先明确目的和目标,然后再明确现状和需要补足的资源,最后思考如何在愿景和现状之间架构起一条成功的路径。明白事物发展的先后顺序,才有可能获得成功。

在个人复盘中,要以自己为镜反观自我,找到内心强大的自己,在痛苦中坚守自己的愿景和目标,并在坚守的道路上不断改进问题,收获成长。

以他人为镜

沟通学领域有一种名为"乔哈里视窗"的沟通技巧和理论,也被称为"自我意识的发现——反馈模型"。这种沟通视窗可分为开放区、盲点区、隐藏区和未知区四大区域(见图5-4)。

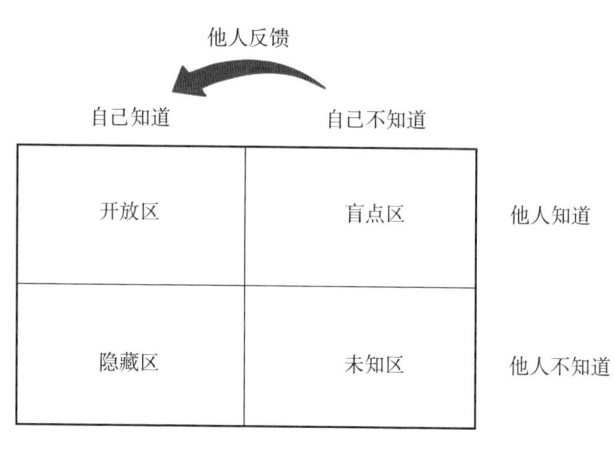

```
                他人反馈
    自己知道      自己不知道
   ┌──────────┬──────────┐
   │          │          │
   │  开放区   │  盲点区   │  他人知道
   │          │          │
   ├──────────┼──────────┤
   │          │          │
   │  隐藏区   │  未知区   │  他人不知道
   │          │          │
   └──────────┴──────────┘
```

图 5-4　乔哈里视窗

四大区域中的盲点区就是所谓的"你知我不知"。在生活中，许多人无法认识到自己身上的某些缺点和不足，他人却能明显地看到这些问题。

比如，有人喜欢开一些会刺痛别人内心的玩笑，在他自己看来这种行为是幽默的体现，但是在别人看来这是一种伤害他人、不尊重他人的行为，会引起他人的不信任。这就是忽视盲点区带来的危害。

在个人复盘中，团队成员需要以他人为镜不断减小自身的盲点区，让自己更加全面、清晰地了解自身的问题和不足。

以他人为镜，就是团队成员通过他人的反馈来审视自己的问题。阿里巴巴有句话："你自己觉得有，别人感觉不到你有，你就是没有。"这句话阐明了"别人眼中的你不同于你眼中的自己"的道理。因此，在个人复盘的过程中，通过别人来认识自己也是一种非常有效的途径。

在个人复盘开始前，团队成员可以和团队中的其他伙伴进行坦诚的沟通，让他们犀利地指出自身的缺点和不足，然后将这些缺点和不足记录下来，在复盘的过程中深入挖掘原因，找到改进的方法。

要做到这一点并不容易，因为绝大多数人在被别人指出自身缺点的时候，都会下意识地产生尴尬、愤怒、羞愧等负面情绪，甚至还会揣摩他人的用意。这就像当有人微笑着告诉你，你的嘴角上有颗饭粒时，你很可能会觉得尴尬，认为对方笑着说出这句话是在嘲笑自己。其实，对方只是在礼貌地微笑提醒而已。

因此，要做到以他人为镜，团队成员就要首先明白，他人的批评和建议虽然是一种负面的反馈，却能使自己更好地了解自身，找到自己的问题，只有这样自己才能拥有改进的机会。团队成员要将他人的批评和建议当作帮助自己成长的宝贵财富，主动、欣然地接受它们，这样才能成就更好的自己。

以管理者为例，在进行个人复盘前，管理者可以和员工开一场"裸心会"，让员工坦诚、真实地回答下面这些问题。

> 在工作中，你的意见有受到我的重视吗？
> 我的哪些管理行为让你感到不舒服？
> 我的哪些举动对团队氛围造成了影响？
> 从你的角度看，我身上有哪些问题需要改正？
> ……

在这一过程中,管理者要做的只有提问、倾听和记录,不要反驳、打断员工。因为,管理者开"裸心会"的目的是收集员工的反馈意见,正视自身的问题,而不是证明自己有多优秀。

在刚开始的时候,管理者会感到十分痛苦。但是很快,管理者不仅会获得员工的信任和尊重,让团队的氛围更加开放,也会培养出敢于直面自身问题的优秀品质。

在问题收集结束后,管理者要将这些问题整理到"思考清单"中,并在个人复盘时进行深度挖掘,探究这些问题背后的根源。

正所谓"以铜为镜,可以正衣冠;以人为镜,可以明得失",通过他人对自己的评价,团队成员可以更加清晰、全面地认知自己,消除自身的盲点区,成为更好的自己。

在个人复盘的过程中,如果能够做到"以自己为镜,突破自我的天花板;以他人为镜,知得失而明真理",就能更为全面、立体地认识自我,找到前进的方向。

第6章

业务复盘如何做才能推动业务增长

每家公司都非常看重业务增长，但是往往缺少有效的管理抓手。阿里巴巴通过业务复盘这一工具帮助每位员工提升绩效，从而推动了业务的整体发展。管理者需要知道业务复盘从哪里开始，在哪里深入，到哪里结束，了解倾听、排毒、反馈3个核心环节，这样才能做出推动业务增长的工作复盘。

业务复盘应如何进行

业务增长永远是所有公司关注的重点。如果将公司看作一辆汽车的话，业务增长就是这辆汽车的发动机，能够驱动公司不断前进。

与组织建设、文化打造、战略制订等工作不同，业务层面的工作有着更强的实战属性。这就像是带兵打仗，员工永远都冲在前沿阵地。因此，帮助员工提高绩效水平是每家公司都非常重视的一项工作。

但是在实际的工作场景中，管理者往往会面对很多问题，如员工能力不足、员工状态不稳定、员工工作积极性不高等。对于这些问题，有些管理者企图用单一的考核制度来约束员工，但效果往往不尽如人意；有些管理者会用奖金来刺激员工的工作积极性，但是依然治标不治本。

其实，很多管理者都没有意识到，许多业务的问题本质上都是人的问题。而要解决人的问题，管理者需要搭建一个与员工沟通的场景。业务复盘是指管理者针对员工进行沟通、反馈和辅导。在这一场景中，管理者可以通过大量的数据和案例仔细地找出员工的问题，然后给出员工对应的指导和建议。

通过阶段性的业务复盘，管理者可以帮助员工不断成长，进而推动业务团队的发展，最终使公司业务得到增长。

很多业务团队的管理者都会出现管理混乱的问题，究其原因就是管理者缺乏逻辑性思维和框架性思维。业务管理者往往不缺乏工作的激情，也不缺乏执行力，但是容易头脑发热，乱做决策。对业务管理者而言，做事情一定要有条理，如果总是"东一榔头，西一棒子"地进行管理，每天"拍脑门"进行决策，就会导致团队整体混乱，加剧员工的不信任感。所以，管理者在进行业务复盘前，要先了解业务流程和逻辑，才能高效地运用好业务复盘这一工具，并真正发挥其作用。下面我们就从3个方面来看一看业务复盘应如何进行。

业务复盘从哪里开始

业务复盘的事前准备工作十分重要。在业务复盘正式开始前的1~2周，管理者就要着手进行各项准备。充分的准备工作是业务复盘成功的基础。如果管理者没有进行准备就直接进行业务复盘的话，那么复盘就很容易流于形式。业务复盘的准备工作有3个方面：一是搜集、整理业务数据及工作案例，二是做好员工的绩效考核评分，三是安排业务复盘的流程事项。

搜集、整理业务数据及工作案例

在业务复盘过程中，员工的业务数据和工作案例是管理者进行判断和反馈的重要依据。如果没有这些事实依据的支撑，管理者就无法对员工作出公平公正的评价，也无法找出实质性的问题。因此，在业务复盘开始前，管理者要投入时间和精力，认真搜集、整理员工的业务数据和工作案例。

业务数据

业务数据包含以下两个方面：一是业绩结果，二是过程指标。

业绩结果包括3个方面，一是员工的业绩目标，二是员工的实际结果，三是业绩目标和实际结果的差异。比如，员工这个月的业绩目标是20万元，实际完成了18万元，那么业绩目标和实际结果相差2万元。通过对业绩目标和实际结果的对比，管理者可以大致判断出员工的工作情况。

过程指标是管理者判断员工实际工作情况的重要依据。管理者可以通过对过程指标的考察发现一些具体的问题。过程指标包括客户拜访量、转化率、拉新量等。在搜集过程指标时，管理者会发现有些数据并不是直接影响业绩结果的关键指标。比如，管理者在分析客户拜访量这一数据时，如果只看数量指标，则容易忽视员工虚假拜访、无效拜访等问题，出现严重的判断失误。实际上在分析客户拜访量的时候，管理者要看的是员工的有效客户拜访数量,而那些员工被拒之门外的"陌拜"[1]情况是管理者应当排除的无效数据。

因此在搜集过程指标时,管理者要通过自己对业务的理解找出真正影响业绩结果的关键数据,排除其他干扰数据,这样才能在业务复盘中有针对性地帮助员工找到引发问题的关键因素。

工作案例

工作案例一般指员工的实际业务案例和价值观案例。

实际业务案例主要考察的是员工的业务能力,包括销售资料、实际客户拜访场景、成交转化情况等。

销售资料包括公司简介、产品介绍、成功合作案例、合同与发票、辅助工具等。销售资料是员工向客户展示公司信息和产品信息的重要载体,往往能够体现出员工的销售思路。因此在搜集工作案例的过程中,管理者可以向员工索要销售资料,以此来判断其销售思路是否有问题。

实际客户拜访场景和成交转化情况是管理者判断员工业务能力的重要依据。在业务复盘中,管理者可以通过分析这两大数据,找出员工销售能力上的不足和销售技巧上的问题。管理者可以通过陪访记录、员工工作总结、微信聊天记录等内容获取具有代表性、典型性的相关工作案例,从而为业务复盘提供依据。

---

[1] "陌拜"是指不经过预约直接对陌生人进行登门拜访,是业务人员常用的寻找客户的方式。——编者注

价值观案例主要考核的是员工在实际工作中展现的价值观是否与公司的价值观匹配。例如在阿里巴巴，管理者会在业务复盘前搜集员工有关"客户第一""团队合作""拥抱变化""激情""诚信""敬业"等价值观案例，以此来考查员工的价值观是否符合公司标准。价值观案例可以通过客户回访、其他员工反馈等形式进行搜集。比如，我的团队之前出现过一名员工以1元的虚假价格吸引客户关注产品的行为。这一行为严重违背了公司"客户第一"的价值观原则。在业务复盘前，我通过与客户交流搜集到这一案例，于是公司以此为依据将这名员工开除。

做好员工的绩效考核评分

业务复盘要以立场坚定为原则，管理者在开始业务复盘前就要对员工做好明确的评价。这样在复盘的过程中，管理者就能明确整体沟通的方向和策略，从而不让复盘的结果"跑偏"。因此，管理者提前为员工做好绩效考核评分非常重要。这样不仅管理者可以在业务复盘中给员工一个清晰、准确的评价，而且管理者做出的决策也会变得更加公平、合理。

以阿里巴巴为例，阿里巴巴的绩效考核制度为"双轨制绩效考核"。在业务复盘前，管理者会从关键绩效指标和价值观两个维度对员工进行考核和评分。两个维度的考核比重各占50%。

对于员工的关键绩效指标考核，阿里巴巴的管理者会从目标完成情况、工作胜任能力、员工职业素养等指标进行打分；对于价值观考核，管理者则根据"六脉神剑"①的内容进行评判。在整体评分结束后，阿里巴巴的管理者会在业务复盘中将结果反馈给员工，从而让对方准确地认知自我。

管理者可以根据各自公司的管理制度和业务情况来制订相应的绩效评分方式和原则，在业务复盘前为员工打出相对准确的评分。

安排业务复盘的流程事项

在正式进行业务复盘前，管理者需要安排好整体的流程事项，避免业务复盘的过程杂乱无章，其中包括业务复盘的时间、地点、参与人员、流程设计，以及告知员工需要准备的资料等。

为了避免影响员工的正常工作业务，业务复盘的时间一般选择在一天工作结束之后；地点需要选择在独立的空间，如会议室、管理者办公室等，避免外界因素打扰；参与人员一般为员工、管理者和 HR。

业务复盘的流程一般分为：员工自我表述、问题共识及解决、管理者给出评价和指导。我将这 3 个环节称为"倾听、排毒、反馈"。这 3 个环节的侧重点各不相同，我会在下文对其具体内容进行详细阐述。

需要注意的是，在安排业务复盘流程的过程中，管理者需要

---

① "六脉神剑"是指阿里巴巴的 6 条价值观："客户第一，员工第二，股东第三"，"因为信任，所以简单"，"唯一不变的是变化"，"今天最好的表现是明天最低的要求"，"此时此刻，非我莫属"，"认真生活，快乐工作"。——编者注

敲定一些具体的细节，如是否需要主持人、复盘如何开场、各环节如何连接、参与者发言次序如何安排等。管理者和HR要在业务复盘开始前将细节确定清楚，避免过程中出现混乱的情况。

最后，管理者还需要提前1~2周通知员工准备自我表述环节的资料，并告知对方资料展示的形式。员工的自我表述内容一般包括业绩结果和过程指标、业务问题分析、下一阶段业绩目标和达成策略等。对于资料展示的具体形式，管理者可以根据团队自身情况进行安排，如可采取PPT、Word文档、思维导图等。

业务复盘在哪里深入

管理者做任何事情都需要有侧重点，业务复盘也是如此。有些管理者在进行业务复盘的时候，经常会出现"不分主次"的问题，导致员工一头雾水，不知道自己到底应该重点提升哪部分的工作。

管理者要知道，如果一场业务复盘的所有部分都是重点，那么就相当于没有重点，因此管理者了解业务复盘的重点非常重要。我将业务复盘的重点总结为"成绩点""问题点"和"争执点"。管理者如果能够对这3个方面进行深入挖掘，将会在很大程度上提高业务复盘的水平。

成绩点

成绩点就是员工在业务工作中做得好的地方，比如业绩目标达成，某项过程指标非常突出，个人能力有明显提升等。

很多管理者在业务复盘的过程中常常盯着员工的问题不放，却忽视了其身上的成绩点。管理者这样做一方面会打消员工的工作热情，让其无法保持优秀的地方；另一方面也无法发现员工成绩背后隐藏的优秀方法，从而错失了沉淀经验的机会。

当管理者发现员工的成绩点时，不仅要给出明确的表扬和赞美，而且要深挖其取得这些成绩背后的原因和方法是什么。这样做不仅可以鼓励员工保持自身的优势，还可以帮助管理者将优秀的经验进行沉淀，方便管理者在业务复盘后将其分享、复制给团队中的其他成员。

如果员工的过程指标和业绩目标都按照规定完成，就说明管理者之前设定的业务策略是正确的，之后可以继续沿用这一策略。

如果员工的过程指标超额完成却没达成业绩目标，管理者首先要对其努力付出的精神进行赞美。之后，管理者要明白先前制订的销售策略不足以支撑业绩目标达成，并和员工一起深入探讨，重新设置下一阶段业务工作的每项过程指标。

如果员工的过程指标没有完成却达成了业绩目标，那么管理者就需要对过程指标没有完成的原因进行挖掘。造成这一现象的原因一般有3种，一是过程指标设定过高导致员工工作量过大，二是业绩目标设定偏低导致员工完成目标任务后不再执行过程指标，三是过程指标对本次业绩目标并没有直接的影响。

如果是第一种情况，那么管理者可以考虑将过程指标降低到员工可承受的合理范围，以此来匹配业绩目标。

如果是第二种情况，那么管理者首先要对员工安于现状的问题进行讨论，挖掘造成过程指标没有完成的原因。之后，管理者需要根据当前过程指标的完成情况提高下一阶段的业绩目标。比如，本次员工完成了一半的过程指标就达成了业绩目标，那么下一阶段其业绩目标就要翻番。同时，如果出现员工达成业绩目标后就不再完成过程指标的情况，说明管理者的激励机制出现了问题，没有真正调动起员工的工作热情和积极性。在业务复盘结束后，管理者需要对这一问题进行纠正和调整。

如果是第三种情况，那么管理者需要为员工敲响警钟。因为在过程指标并没有直接影响业绩结果的情况下，目标的达成很可能是由于一些运气因素或之前的工作现在才"开花结果"。这时，管理者需要让员工清楚地认识到问题的严重性，不要被虚假的结果蒙蔽双眼。

问题点

员工面对的工作场景十分复杂，情况变化也十分迅速。因此，有效地解决问题是员工提高绩效水平的关键。在业务复盘中，管理者要从业务数据和工作案例两个方面对员工的问题点进行挖掘。

在挖掘问题前，管理者首先要能够找到问题。这就需要管理者拥有一双善于发现问题的眼睛，能够看出员工的业务数据和工作案例背后存在的问题。

管理者可以通过对员工的业绩目标和过程指标进行对比的方法找到问题。例如，员工的业绩目标是50万元，而实际只完成了20万元。这时，管理者就需要分析员工完成的20万元是由哪些产品销售额构成的，而没有完成的30万元是因为哪些过程指标没有完成，最终发现问题出在哪里。

有一次，我在为自己团队的一名员工进行业务复盘时，发现对方的业绩达成率十分糟糕，于是我让员工将这一阶段的过程指标完成情况一一列举出来。通过分析我发现，该员工将主要精力都花费在一些公司的过渡型产品和防御型产品上。这些产品虽然销售难度低、转化率高，但是相对的利润率和销售额也很低。

这名员工虽然花费了大量的时间和精力来做业务，但是最终的效果不尽如人意。在发现这一问题后，我首先指出了对方的"畏难"心理。公司的核心"拳头"产品销售难度较大，但是利润率和销售额都很高，并且从公司的战略层面上看，这些产品是推动公司业务发展的基石，员工不能因为这些产品不容易成单就轻易将其放弃。

于是我建议对方调整销售方向，主推公司的"拳头"产品。一个月后，这名员工不仅完成了业务目标，而且获得了能力上的提高和奖金上的收益。

在上面这个案例中，我除了通过对业绩目标和过程指标进行对比来找出问题，还站在公司的战略层面来思考问题。很多时候，一线的员工很容易陷入具体的业务工作，从而导致他们的视野变得越来越狭窄。这时，管理者要站在公司战略的角度来帮助员工发现问题、看清局势，找到更好的销售方向。

对于问题点的具体挖掘方法，我将在后文进行详细展开，在此就不再赘述。

争执点

在业务复盘中，难免会出现管理者和员工意见不统一的情况。这时，管理者不要放过这些争执点，而是要与员工进行深入的探讨和沟通，直到双方最终达成共识。

在为其他企业的管理者进行培训的时候，我发现有些业务经理喜欢利用职权将自己的想法强加给员工。

一次，某家公司的销售主管对我说："王老师，我在和员工探讨业务的时候，对方完全不理会我。每次我拿出一项新的业务策略来寻求他们的意见时，他们既不说好，也不说不好，这让我感到很气愤。我应该如何解决这个问题？"

我说："你之前和员工交流时，是否出现过双方存在不同看法的情况？"

销售主管说："是的。"

我说："出现这种情况时，最终的结果是你听取了对方的意见，还是你仍然按照自己的想法进行决策？"

销售主管说："当然是按照我的想法进行决策。员工的眼界太低，看不到公司的整体方向。"

我说："那么，在这个过程中，你们是否针对不同的看法进行了充分的讨论？"

销售主管说："没有。"

我说："在员工向你提出不同意见时，你是否直接否定了对方的想法？"

销售主管迟疑了一下，说："是的。"

我说："既然这样，你为什么还希望自己在寻求意见的时候员工会做出积极的回应呢？"

这名销售主管思考良久后，终于恍然大悟。原来他的员工知道，即使自己提出不同的意见也不会被讨论，更不可能被采纳。他们之所以默不作声，就是因为自己既不同意这名销售主管的意见，又不希望自己的想法被直接否定，所以只能进行这种无声的"抗议"。

上面这个案例说明，管理者在遇到和员工看法不同的情况时，不能自上而下地将自己的想法强加给对方，而应和员工针对争执点进行充分讨论，最终达成共识。

管理者要知道，员工会站在一线业务的角度来看待问题，这些角度会对管理者的决策和想法进行有效的补充。在业务复盘中，如果管理者对这些争执点视而不见，这不仅会关上和员工交换思想和信息的大门，还会使管理者做出的决策的执行效果大大降低。

因此，管理者和员工要将争执点摆在明面上，站在客观的角度对争执点进行深入的讨论和挖掘，使双方尽可能地达成共识，这样才能推动问题的解决和业务的发展。

业务复盘到哪里结束

判断业务复盘结束的关键点在于，员工是否清晰、明确地了解自己之后的业务方向和工作方法是什么。有些刚刚上任的管理者在为员工做业务复盘的时候，常常出现倾听员工表述却不给出清晰反馈，指出员工问题但不解决问题的情况，最终导致业务复盘草草收场。

业务复盘的目的是帮助员工提升绩效水平和个人能力。如果管理者能够本着这一目的进行业务复盘，那么最终的结果就不会有太大的偏差。

在业务复盘结束的时候，管理者要确保形成有效的结果输出，让员工获得下一阶段工作的行动指南。行动指南包括以下3个方面：一是需要坚持的工作方法，二是针对问题的改进方法，三是下一阶段的业绩目标和达成策略。管理者通过对员工成绩点的挖掘，沉淀一些优秀的方法和经验，这就是员工需要坚持的工作方法。管理者通过对员工问题点的挖掘，找到导致问题出现的原因，并讨论出相应的解决方法，这就是员工针对问题的改进方法。在业务复盘的过程中，员工还要展示出下一阶段的业绩目标和达成策略，并在管理者的指导下进行改进和完善，形成一套合理、有效且可以落地的方案。

在业务复盘的最后阶段，管理者和员工要对以上3点进行总结和梳理，形成记录性文件，以此明确员工之后的业务工作方向和方法。这时，业务复盘的正式流程算是基本完成。

在业务复盘结束后，管理者还要针对结果输出进行监督和辅导，保证员工按时、按质、按量地执行业务策略，最终达成业绩目标。

要想做出一场推动业务增长的高质量的业务复盘，管理者需要对业务复盘"从哪里开始""在哪里深入""到哪里结束"3个方面做到心中有数。管理者只有明白了业务复盘的底层逻辑，抓住每个环节的核心点，才能帮助员工提高绩效水平，收获长足的进步。

业务复盘的三大核心环节

要想让业务复盘机制顺利落地，管理者要熟知其标准流程，并了解流程中每个环节的侧重点。业务复盘一般分为"倾听""排毒""反馈"三大核心环节。下面我们就针对这3个环节看一看，如何才能做出一场成功的业务复盘。

倾听

业务复盘的第一个环节是员工的自我表述。在这一环节中，管理者要做的就是专注地倾听。倾听看似很简单，但也有许多需要管理者注意的细节。在这一环节中，有些管理者将"倾听"变成了"乱听"，不仅记不住员工表述的内容，也无法提取员工表述的重点。我甚至见过有些管理者在这一环节中出现打瞌睡的情况。如果管理者不知道如何倾听，就无法从员工的表述内容中获取有效信息。这样在"排毒"和"反馈"环节中，管理者不仅无法找出员工的业务问题,也无法给出员工合理的改进建议。

通过前文我们可以知道,在业务复盘中员工的表述内容包括业绩结果和过程指标、业务问题分析、下一阶段业绩目标和达成策略3个主要部分。管理者要分别提取这3个部分的关键点,将其作为"排毒"和"反馈"的依据。

业绩结果和过程指标

在倾听业绩结果和过程指标时,管理者要重点关注员工的核心数据是否达成。

对于员工的业绩结果,管理者需要关注业绩结果与业绩目标之间的差距。如果员工的业绩目标没有达成,这时管理者需要对实际结果和业绩目标进行对比,计算出两者相差的数值并记录下来。管理者要知道,不同数值背后的形成原因也是不同的。如果员工的业绩结果距离业绩目标达成差1万元,那么其原因可能是员工能力和方法上的问题;但是如果业绩结果距离业绩目标达成相差20万元,其原因可能是员工的工作态度和意愿的问题。因此,在倾听员工表述业绩结果时,管理者要重点关注其业绩结果与业绩目标之间的差距,并对这一差距做出判断,便于确定之后的沟通方向和策略。

对于员工的过程指标,管理者需要关注影响结果的核心过程指标。要想准确地找到核心过程指标,管理者需要对公司业务有深入的理解。如果公司当前需要扩大市场规模,那么员工的新增客户量就是核心过程指标。如果公司当前关注的是业绩增长,那么员工的转化率就是核心过程指标。在倾听的过程中，管理者需要重点关注核心过程指标，判断这些指标的质量，从而为之后的问题挖掘提供依据。

业务问题分析

员工对业务问题的分析可以反映出其自我认知程度、逻辑思维能力和对业务的了解程度，而这3点也是管理者在倾听的过程中需要对员工进行重点考查的部分。

管理者可以从员工提出的业务问题来判断他们的自我认知程度。通过对业绩结果和过程指标的了解，管理者已经可以大致掌握员工的问题和不足。这时，管理者可以带着较为明确的判断标准，倾听员工提出的问题是否准确。这样做一方面可以帮助管理者站在员工的角度看问题，另一方面也可以考查员工的自我认知能力。如果员工提出的大多是一些无关紧要的细节问题，那么这说明其自我认知程度还不够。在之后的反馈环节中，管理者要向员工明确指出这一问题，提醒对方提高自我反思的能力，重视自我反思的作用。

通过员工对业务问题的具体分析，管理者可以了解他们的逻辑思维能力和对业务的了解程度。以我的团队为例，在自我表述环节，有些员工能够从业绩结果、过程指标、具体的工作方法和案例层层递进地进行问题的挖掘和分析；有些员工的分析过程则显得杂乱无章，一会儿说出现问题是由于营销活动效果不佳，一会儿又说出现问题是由于销售方案准备得不够充分。我在倾听员工对问题的分析时,会重点关注他们的表达脉络,再通过这些脉络判断他们的逻辑思维能力和对业务的了解程度。

下一阶段业绩目标和达成策略

员工对下一阶段业绩目标和达成策略的制订,是决定其之后工作结果的重要因素。对于员工下一阶段业绩目标和达成策略,管理者要重点关注两个方面:一是业绩目标的合理性,二是达成策略的可执行性和风险性。

每家公司的业务模式和业绩目标的构成情况都不尽相同。管理者可以针对自身的业务模式和业绩目标的构成情况来判断员工下一阶段的业绩目标制定得是否合理。

例如,员工的业绩目标如果包括已知可达成业绩、意向可跟踪业绩和新增意向业绩3个部分的话,那么管理者需要对这3个部分进行逐一了解,并分别判断其合理性。

可达成业绩是员工上一工作阶段已经确定成交但未完成交易流程的订单金额。管理者可以在业务复盘前对员工进行客户盘点,从而判断这部分业绩的真实性和合理性。

意向可跟踪业绩是客户有购买需求但是还未做出购买行为的有可能产生的订单金额。管理者在判断这部分业绩目标的合理性时,要重点关注客户的意向程度。如果客户意向都较低,而员工将这部分业绩目标制定得很高的话,那么这种业绩目标构成就是不合理的。管理者可以通过沟通和员工一起重新调整这部分的业绩目标。

新增意向业绩是员工通过挖掘客户的新增意向促成订单的销售金额。这部分业绩目标需要员工通过制订具体的达成策略完成。管理者要结合员工的达成策略来判断其新增意向业绩是否合理。比如，员工的新增意向业绩目标很高，但是达成策略没有新意向挖掘的动作，这就说明其目标和策略的制订不匹配。管理者要针对这些问题与员工进行沟通，从而重新制订有效的方案。

管理者在对员工业绩目标的合理性做出判断后，还要思考其达成策略是否具有可执行性，是否存在风险性。

在倾听员工对达成策略的表述时，管理者要将达成策略和业绩目标结合起来，思考两者是否匹配。比如，员工下个月的业绩目标是20万元，达成策略是拜访50个客户。这时，管理者就要预估出相应的转化率，并参考以往的数据和经验，判断员工的达成策略是否合理。同时，管理者还要思考达成策略是否存在风险，看员工是否准备了备选达成策略来规避风险。

总之，管理者需要对员工下一阶段业绩目标和达成策略进行思考和判断，找出其中需要调整和完善的部分，并在之后的沟通中给出员工明确的反馈和建议。

排毒

在倾听环节结束后，管理者要开始为员工进行"排毒"。管理者要对员工的问题进行深入剖析，找出造成问题的真实原因，并找到解决问题的方法，从而排出"毒素"。在"排毒"过程中，员工会感到非常痛苦，但是只要他们能克服痛苦，就会有所收获。

业务复盘的"排毒"要从3个维度进行：结果维度、策略维度、团队维度。同时，管理者要做好"排毒"需要遵循3个要点：问题共识、抽丝剥茧、核心提升。

排毒的3个维度

结果维度

所谓结果维度，就是指管理者和员工对整个销售过程进行完整的复盘。

在这个过程中，管理者和员工首先要对业绩目标和业绩结果达成共识，然后再立足目标和结果，对整个销售过程进行层层梳理和分析，弄清楚在销售的过程中，员工哪里做得好、哪里有问题。管理者和员工通过对实际销售情况进行分析，找到可以提升业绩的关键指标，并探讨出相应的改进方法。

在结果维度中，管理者要对员工的业务数据和工作案例抽丝剥茧，将员工的业绩结果、过程指标和成长点清楚地展示出来。员工在看到自己的工作全貌后，就能清楚地发现自己存在的问题。管理者和员工针对这些问题达成共识后，需要仔细剖析这些问题，挖掘问题出现的原因。

我们可以通过下面的案例体会这个过程。

小李制定的月度销售目标是24万元，分配到每周的目标是6万元。那么在业务复盘的过程中，小李必须清晰地呈现出每周完成了多少业绩、拜访了多少客户，以及本月度一共完成了多少业绩、拜访了多少客户。

　　管理者通过这些数据发现，小李当月只完成了12万元的业绩，并且连续两周没有开单。管理者根据小李整体的业绩目标和业绩结果，以及每周的业绩结果和客户拜访量，去倒推小李没有达成目标的根本原因。

　　管理者对小李进行了多次提问。"没有开单的那两周，你的工作过程是什么？""你为什么没有完成客户拜访量？""在拜访客户的过程中你遇到了什么困难？""你解决困难的方法是什么？""这些方法起到了什么效果？""当方法失败时你又做出了怎样的处理？"

　　在层层追问下，管理者发现小李在拜访客户的时候经常碰壁，不是被门卫和前台阻拦，就是让谈判陷入僵局，这些问题是由小李个人业务能力不足导致的。在了解了问题出现的原因后，管理者加强了对小李的陪访，通过一对一辅导的形式提升小李的业务能力。

在上面的案例中，管理者基于结果维度一层层地分析小李的业务问题，最终找到了其业绩目标没有完成的原因。

　　从结果维度进行推演进并发现问题，这是业务复盘的核心方法。在这个过程中，管理者要明白找到问题并不是终点，根据问题背后的原因找出解决问题的方法才是最重要的，只有这样管理者才能帮助员工提升业务能力、达成业绩目标。

　　策略维度

　　业务复盘的策略维度考查的是员工的销售方法和销售策略是

否存在问题。管理者通过对员工策略维度的分析，能够系统地总结出业绩目标达成过程中的成功经验和失败教训。

在达成业绩目标的过程中，员工会使用不同的销售方法和销售策略。因此，管理者需要通过业务复盘帮助员工判断究竟哪些方法和策略是正确的、可取的、值得发扬和推广的，哪些方法和策略是错误的、无效的、需要更换和改进的。这一点对于员工提高业务能力至关重要。要想知道员工的销售方法和销售策略是否有效，管理者需要通过对其业绩结果、过程指标和工作方法进行综合评估才能得出结论。

在业务复盘中，管理者发现婷婷本月的销售业绩不理想，于是他首先询问婷婷的过程指标是否完成。通过沟通，管理者发现婷婷的过程指标都完成了。面对业绩结果和过程指标之间的不匹配，管理者意识到婷婷的问题出现在销售方法上。

于是，管理者让婷婷详细地表述其工作方法和细节。在这一过程中管理者发现，婷婷虽然每天都完成了客户拜访量，也有许多意向订单，但是在促单的过程中常常出现谈判失败的情况。经过细致分析，管理者终于找到了造成谈判失败的原因。原来，婷婷在促单的过程中急于求成，常常主动向客户提供优惠，大幅度地降低产品的价格。有些客户由此产生不信任感，进而放弃购买产品；有些客户则不断要求更多的优惠，导致没有了谈判空间，最终交易失败。

通过对婷婷业绩结果、过程指标和销售方法的分析，管理者找到了婷婷的问题是因为错误的促单技巧。于是在业务复盘结束后，管理者对婷婷进行了这方面的重点培训和辅导，从根本上解决了这一问题。

从上面这个案例可以看出，管理者要想找到员工方法和策略上的问题，先要从其业绩结果和过程指标两个方面进行分析。

一般来说，如果员工的业绩结果和过程指标都很好，证明其销售方法和销售策略是正确的，需要继续保持并向团队进行推广；如果员工的业绩结果不好但是过程指标完成得不错，说明其销售方法和销售策略出现了问题，管理者需要针对这一问题找到解决方法；如果员工的业绩结果很好但是过程指标没有完成，说明其目标达成的过程含有运气因素，管理者需要提醒员工注意风险；如果员工的业绩结果和过程指标都不好，说明其销售方法和销售策略是错误的，应该全部摒弃。

总之，在分析员工的策略维度时，管理者要站在结果和过程这两个角度挖掘问题，判断员工的销售思路、销售策略和销售方法是否正确，然后再根据最终的分析结果为员工制订一个工作标准，使其明白在之后的工作中，应该做什么，不应该做什么，应该保持哪些方法和策略，应该摒弃哪些方法和策略，这样才能帮助员工提高绩效水平、达成业绩目标。

团队维度

在业务复盘中，结果维度和策略维度都是从员工的业务角度进行分析的，而团队维度是从团队及团队成员的角度进行分析。

团队维度的核心在于赋能。管理者要让员工明白，团队的目标就是每个成员的目标，而每个成员的目标又是团队目标的一部分。只有当所有成员共同进步、达成目标时，团队才能发展，每个成员才能获得成功。管理者要向员工表明，成员的进步和成长不仅是自己的事情，也是推动整个团队向前发展的关键因素。管理者只有将成员的目标和愿景与团队的目标和愿景统一起来，才能激发成员内心深处前进的动力。

了解了"排毒"过程中的3个维度，管理者还要知道"排毒"的3个要点。

排毒的3个要点

达成共识

管理者和员工针对问题达成共识是"排毒"的前提。很多时候，管理者找到的问题，员工未必认同；而管理者认为好的销售方法和销售策略，在一线员工看来也未必实用。当双方产生分歧的时候，一定要进行深入的沟通，以客观的视角分析双方意见的优缺点。只有在管理者和员工达成共识后，问题才能得到解决，方法才能得到运用，策略才能得到施行。

抽丝剥茧

抽丝剥茧是"排毒"环节的重要原则。管理者要通过层层分析，找到员工出现问题的本质原因。管理者可以通过"5W2H"（见图6-1）的提问法来拆解问题。

所谓"5W2H"，就是What（是什么）、Who（是谁）、When（什么时候）、Where（在哪里）、Why（为什么）、How do（怎么

做)、How much(做到什么程度)。通过这样的提问方式,管理者可以厘清复杂的情况和信息,将问题不断放大、具象、聚焦,从而定位到造成问题的本质原因。

当然,管理者不需要将"5W2H"中的所有问题都进行提问,而应针对不同情况,按照不同顺序,有选择性地提问,目的是挖掘问题的本质。

老张在业务工作中总是喜欢夸大事实。于是在业务复盘时,管理者运用"5W2H"提问法挖掘造成老张业务工作问题的原因。

管理者:"你为什么在销售的过程中擅自大幅度下调产品的价格,导致老客户利益受到损害?"(Why)

老张:"因为最近员工面对的市场形势很混乱。"

管理者:"什么很混乱?"(What)

老张:"有人在扰乱公司所销售产品的价格。"

管理者:"谁在扰乱产品的价格?"(Who)

老张:"公司的竞争对手。"

管理者:"他们是怎么做的?"(How do)

老张:"他们刻意压低产品的价格。"

管理者:"他们压低了多少价格?"(How much)

老张:"每个产品降价1元。"

管理者:"这款产品的销售额占公司总销售额的多少?"

老张:"占2%。"

管理者:"你发现了什么问题?"

老张:"其实对方的降价策略对公司产品销售的影响并不大。我错估了市场形势,做出了错误的决策。"

图 6-1 "5W2H"提问法

在上面的案例中,管理者通过"5W2H"提问法找出了老张擅自调整产品价格的原因,并让其认识到自己的错误。

核心提升

在业务复盘的过程中,管理者会发现员工有许多问题和不足,这是十分正常的现象。但是,管理者不能指望一次业务复盘就使员工的所有问题得到改善和解决。员工的成长需要日积月累的沉淀,不能急于求成、揠苗助长。

因此,在业务复盘中,管理者只抓员工的主要问题,这样才能让员工快速成长。

比如,员工的转化率、拉新量和意向挖掘能力都存在问题,这时，管理者要看影响其业绩目标达成的关键因素是什么。如果员工有充足的客户数量，但是成单很少，那么其需要提高的是转化率；如果员工的客户储备不足，可跟踪的意向过少，那么其需要提高的则是拉新量和意向挖掘能力。

当管理者抓住员工的主要问题时，就能够明确其哪些方面是需要快速提升的，哪些方面是可以暂缓改善的。当管理者有的放矢地进行业务复盘时，就能够帮助员工更快地提升绩效水平。

反馈

在业务复盘的最后环节，管理者要给予员工清晰、明确的反馈，让其明白自己的工作是否符合管理者的预期，如果不符合预期，那么差距在哪里，问题在哪里，之后应改进哪些方面。

管理者可以采用打分的形式对员工进行反馈，让其知道自己的"目标完成情况"是多少分，"工作胜任能力"是多少分，"业务职业素养"又是多少分，……管理者的反馈越具体，员工的改进方向也就越清晰，成长的速度也就越快。

业务复盘是促进员工成长的有效工具。管理者如果能够利用好业务复盘，那么这不仅可以帮助员工提高绩效水平，还可以促进团队的发展和组织的业务增长，进而使企业在快速变化的市场环境中站稳脚跟、稳步前进。

第 7 章

群体复盘如何做才能打造铁血团队

群体复盘就是搭建一个让团队发现问题、解决问题的场子。管理者可以合理地设计群体复盘的形式,从提前准备、同一目标、空杯心态、现场把控4个环节入手,本着简单开放、评价清晰、实事求是的原则,以此来推动组织和团队的快速发展。

什么是群体复盘

群体复盘大概是所有阿里人最不愿意面对的工作复盘形式。如果让我用一个词来概括群体复盘带给员工的感受的话，那一定是"痛苦"。

在各种形式的工作复盘中，群体复盘对员工造成的"杀伤力"最大。它会将员工一层层"剥"开，直到员工露出最真实的面貌。但是，群体复盘给员工带来的帮助和成长也是巨大的。通过群体复盘的洗礼，员工会最大限度地认知自我、看清问题，在众人集思广益的帮助下获得改进方法，找到前进方向。

至今我还对自己第一次参加群体复盘的情景印象深刻，所有和我同级别的管理者都坐在场下严阵以待地看着我。在群体复盘的过程中，我被里里外外"剥"了个干净。从台上下来后，我才意识到自己的头发、衣服都被汗水打湿了。这种汗流浃背的窘态不是因为天气炎热，而是因为同事的唇枪舌剑让我发现了自己太多的不足和问题。但是，也正是通过这次群体复盘，我见识了群体复盘的魅力与力量。回到团队后，我努力改正问题，一方面是为了下次群体复盘不那么痛苦，另一方面也是因为自己真正认识到了个人的成长有多么重要。

通过群体复盘的形式，团队管理中的问题能够毫无保留地暴露出来，并且每个参加的成员都知道如何去改进自己的工作。如果你听说过群体复盘，并且或多或少对这种复盘形式感到好奇，那么请继续读下去，下面让我们一起来看一看群体复盘到底是什么样子。

搭建一个让团队发现问题的场子

阿里巴巴讲究"搭场子"，管理者也非常重视这一管理动作。我们可以将"搭场子"理解为搭建舞台，其核心是要构建起一个沟通的场所和渠道。"搭场子"可以发生在同级别员工之间、管理者与员工之间、老板与管理者之间、HR与所有人之间等。群体复盘就是在为团队共同搭建一个发现问题的场子。

群体复盘在很大程度上是一个集思广益的过程，这对企业来说十分重要。因为一家企业的运转凭借的不是某一个人的努力，而是许多部门的通力合作。但是，许多企业部门之间都是相对独立的，相互的沟通较少。当某项工作需要部门间共同协作的时候，部门有可能只关注自己的利益而忽视其他部门的需求。当发生这种情况的时候，群体复盘就能发挥出巨大的作用。

群体复盘一般发生在探讨业务的时候，可以为各部门的管理者提供一个沟通的平台，让大家通过换位思考了解其他部门的需求，反思自己部门的问题。管理者能够通过不同的视角来审视当前的业务，找到更好的策略和方法，同时加深与其他部门协作的默契程度。而对一个团队或负责同一业务的同级管理者来说，群体复盘是为了让大家相互学习，相互"照镜子"，发现自己的问题和不足，进而得到成长。

同时，群体复盘非常重视对问题的挖掘，它对每个参与其中的成员的挑战都非常大。因为，参与者要面对的是同样具有丰富工作经验的人。在他们面前，参与者的工作复盘要做到面面俱到，否则任何小错误都会被其他人"揪"出来并放大。在群体复盘中，参与者的任何问题都逃不过在场人员的火眼金睛。

在群体复盘中，参与者找不到问题不能下台，找不到导致问题出现的原因不能下台，找不到改进问题的方法也不能下台。总之，只有参与者在完完全全地看清自己的问题、缺点和不足，并找到合理的改进方法后，才能坐回台下。可是到了台下，参与者依然会觉得痛苦，因为参与者还会去对比其他管理者，将他们作为自己的"镜子"，会去思考"他出现的问题是不是也存在于我身上"，"为什么我不具备他的优点和优势"等问题。总之，经历过群体复盘的人，在台上感觉芒刺在背，在台下感觉如坐针毡。

但是，群体复盘又能发挥巨大的作用，因为帮助参与者发现问题的人非常多，所以视角也就更加立体、全面，从而群体复盘会将参与者所有的优点和不足完全呈现出来，让参与者直观地明白哪里需要保持，哪里需要改进。同时，对一个庞大的团队来说，群体复盘能容纳更多的成员，让其绩效管理和反馈工作变得非常高效。

群体复盘就是搭建一个让团队共同发现问题、解决问题的场子，让大家坦诚相见，用客观的形式对真实的东西进行交流和讨论。

群体复盘的形式

群体复盘的形式设置主要应考虑周期、人数、地点、参与人员、流程设计5个方面（见表7-1）。

表7-1　群体复盘形式设置表

设置要素	设置细节
周期	视当前业务情况和岗位而定，可为1个月、3个月、6个月
人数	8~15人
地点	环境宜人，便于消除参与者的不适感
参与人员	团队领导者、团队成员、HR
流程设计	主持人动员讲话 ⟶ 被复盘者自我表述 ⟶ 反馈者反馈评价 ⟶ 重点问题讨论 ⟶ 流程循环 ⟶ 主持人总结发言

周期

群体复盘的周期要根据公司当前的业务情况而定。一般来说，业务模式相对稳定的公司，销售团队和销售主管每3个月进行一次群体复盘。如果在业务模式或市场环境变化较快的时期，管理者尽量1个月进行一次群体复盘。而对一些偏支持、协助属性的部门来说，因其工作流程相对稳定，可以6个月进行一次群体复盘。比如设计部门的工作内容和流程相对稳定，可以视情况延长群体复盘的周期。

对于群体复盘的周期，管理者要做到灵活掌控。如果当前正是产品开发的关键阶段，产品部门的群体复盘周期就可以缩短。如果各部门之间存在一些分歧需要解决，管理者就可以选择临时召开一次群体复盘，帮助团队成员更好地交流彼此的看法和意见。

总之，管理者要牢记群体复盘的目的是为团队成员搭建一个相互沟通、发现问题的平台。所以，群体复盘的周期设置只要能达到这一目的，就是合理的。

人数

群体复盘的参与者尽量维持在8~15人。人数太少的话，团队成员难以通过群体复盘形成全面、立体的视角来审视参与者的问题。人数过多则会让讨论变得冗长，现场局面变得混乱，导致群体复盘的效率降低，同时也会给进行复盘的成员造成极大的心理压力。

群体复盘一定要以高效为原则。因此，管理者不能为了节省工作成本而使群体复盘的参与者过多，避免最后的结果适得其反。

地点

群体复盘一般会选择在一个风景宜人的地方进行。选择这样的地方一方面是可以抚平参与成员在群体复盘过程中的痛苦，另一方面也是将群体复盘作为一场团建。

当团队成员在群体复盘的过程中唇枪舌剑地坦诚表达后，相互之间多少会产生一些误解和隔阂。这时，大家在优美的环境中点起篝火，烤上羊腿，一起举杯、吃肉，就能把相互间因言语造成的冲突化解开。当大家碰一碰杯，说一句"都是为了成长"时，团队的凝聚力也就更强了。

参与人员

群体复盘的参与人员主要分为3类，一是团队领导者，二是团队成员，三是HR。

团队领导者是进行复盘成员的直属上级管理者。比如，一个部门的主管、一个团队的业务经理、整个区域的区域经理、负责公司整体运行的COO或CEO（首席执行官）等。

团队领导者在群体复盘中主要扮演观察者和主持人的角色。在整个群体复盘过程中，团队领导者要维持好现场秩序，调节好会场氛围，同时通过认真观察，全面了解员工和团队的实际情况，反思团队和管理上出现的问题。比如，有些员工之间明显存在着冲突，言语中带有人身攻击，这时团队领导者就要出面调停，并重申群体复盘的目的是帮助员工成长，而不是发泄私人情绪。团队领导者要在群体复盘结束后以单独谈话、生活团建等形式来化解团队成员间的矛盾。

团队成员是群体复盘中的主角。团队成员尽量是同级别的，比如一个部门的所有员工、一个区域的所有销售主管、全国所有的区域经理等。这样做的目的是让群体复盘去中心化，让参与者在同一层面上更加坦率、更加客观地进行交流和碰撞，让群体复盘的结果更为真实、有效。

所有团队成员都要在群体复盘中扮演两个角色——复盘进行者和反馈者。群体复盘是团队成员相互寻找问题、提供建议的过程。团队中的每个成员都要轮流上台进行表述，接受大家的批评和建议。而每个成员也要在其他成员上台的时候帮助对方挖掘问题，找到解决问题的方法，成为一个合格的反馈者。团队成员只有做好这两个角色，才能体会到群体复盘的真正魅力。

HR在群体复盘中主要扮演记录者和协调者的角色。群体复盘有时也会涉及员工间相互进行绩效打分的环节。HR要将这些绩效反馈记录下来，并将其融入整体的考评。另外，HR也要通过团队问题的暴露和剖析，反思人力资源管理层面是否存在问题，并在群体复盘结束后加以改进和完善。

在群体复盘结束后，HR还要组织好后续的团建活动，并在活动中展现出人文关怀，帮助团队成员消除因群体复盘产生的不适感，化解成员间的矛盾，进而加强团队的信任感和凝聚力。

流程设计

群体复盘的流程一般分为以下几个环节。

（1）主持人进行会前动员，强调群体复盘的整体流程，讲解其价值和意义，提醒会中注意事项。

（2）第一个进行复盘的员工上台做自我表述，展示自己的工作情况。

（3）所有反馈者针对进行复盘的员工的表述依次给出评价和建议，比如，我觉得你哪里做得好，哪里做得不好，改进的方法和建议是什么，我对你的评分是多少等。

（4）反馈者如果出现对同一问题看法不完全一致的情况，需要进行深入讨论，得出统一的建议。

（5）下一个进行复盘的员工上台表述，反馈者进行反馈，依次往下，直至所有人复盘完毕。

（6）主持人进行总结发言，对群体复盘进行简单复盘。

以上就是群体复盘的形式设置方法。群体复盘的具体形式要根据企业、团队的实际情况进行设定。团队可以在不同时期、不同地点、不同参与人员的情况下灵活设计群体复盘的形式，在实践的过程中找到合适的群体复盘方法。

如何进行群体复盘

当管理者规划好群体复盘的周期、人数、地点、参与人员和流程设计后，就进入群体复盘的正式环节了。

要想完成一场高质量的群体复盘，管理者需要从提前准备、同一目标、空杯心态、现场把控4个环节入手，为团队搭建发现问题、解决问题的场子。这4个环节被称作"四个一"（见图7-1），是构成群体复盘的重要元素。下面，我们就一起来看一下群体复盘的每个"一"具体应如何操作。

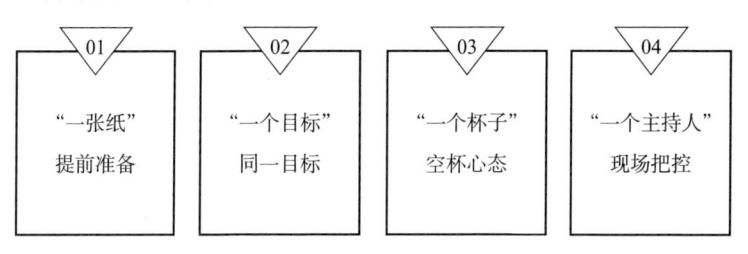

01	02	03	04
"一张纸" 提前准备	"一个目标" 同一目标	"一个杯子" 空杯心态	"一个主持人" 现场把控

图 7-1　做好群体复盘的"四个一"

提前准备

群体复盘的提前准备环节被称作"一张纸"。"一张纸"就是指在群体复盘开始前，参与者要将自己的整体工作情况梳理在一张纸上，然后在复盘的过程中进行表述。

这听起来很简单，但做起来非常困难。它要求参与者先进行认真、深入的个人复盘。在第5章中，我为大家具体介绍了个人复盘的操作方法。我们知道，在个人复盘后会形成一个"改进清单"，上面会有具体、清晰、可操作的改进动作。在群体复盘前，参与者要通过全面的个人复盘将"改进清单"扩展为"整体工作情况清单"，里面要包含上一阶段的工作结果、成功经验分享、工作问题分析、难以解决的问题、下一阶段的工作目标和达成策略等内容。

上一阶段的工作结果

在群体复盘的个人表述阶段，呈现上一阶段的个人工作结果是非常重要的，因此要作为第一项来展示。

工作结果分为两个层面：一是结果目标，二是实际完成情况。参与者应以具体、直观的数据对这两个方面进行展示，如制作一个对比图，让其他人更加直观地看到两者间的差异。在工作结果中，参与者对结果目标的展示尤为重要，因为这是其他反馈者进行判断的重要依据。

群体复盘和其他形式的复盘不同的一点是，群体复盘的参与者很多，所以大家无法在事前进行详细的数据整理和案例分析，但这些数据和案例都需要在现场展示出来。因此，进行群体复盘的成员要本着真诚开放的原则，不能隐瞒信息、弄虚作假，否则一旦被其他参与者发现其数据被人为地隐瞒或篡改，会极大地影响其在公司中的信誉。

在阿里巴巴，我曾经见过有的同事在展示结果的时候只展示上一个阶段的实际完成情况，没有展示当初定下的目标，结果被大家批评得体无完肤。大家认为他在故意隐瞒自己没有完成目标的事实，缺少对"简单开放"这一原则的理解。

群体复盘重在坦诚，如果参与者避重就轻，害怕被他人发现自己没有完成目标的话，就会失去群体复盘的价值，也少了一次难得的成长机会。在群体复盘中，参与者一定要为自己的成长负责，坦诚地将自己的真实情况展示给在场的所有人，这样才能获得大家的帮助、信任和尊重。

所以，在整理上一阶段的工作结果时，参与者要将结果目标和实际完成情况清晰、真实地写在清单上。

成功经验分享

群体复盘是一个绝佳的分享成功经验的场所。很多时候，管理者仅靠开展分享会将优秀的方法在团队中传播，其效果可能并不理想。这是因为分享会的互动性不强，员工缺乏一定的参与感。但是在群体复盘中，每个成员既是反馈者，又是被反馈者。所有成员都在全神贯注地挖掘其他成员的问题，并反思自我，呈现出极强的参与感和互动性。在这种情况下，成员分享自己的成功经验和方法，会得到在场所有人的关注和深度理解，因此优秀的方法也就得以在团队中传播。这是一般的分享会所达不到的效果。

因此在准备整体工作情况清单时，参与者要将自己的成功经验写下来，以"成人达己"的心态推动团队向前发展。

工作问题分析

清单的第二项就是展示工作问题分析。在准备这部分内容时，参与者一定要通过数据挖掘导致问题出现的根源，以自己的视角先进行一轮分析。这一过程十分重要，是参与者学习如何挖掘问题、解决问题的第一步。

有些参加群体复盘的成员总是希望能直接通过他人获得解决问题的方法，这是一种对自己成长不负责任的态度。参与者只有先从自己的视角审视一遍问题，努力找到问题的本质和解决问题的方法，才能在群体复盘中更好地理解他人的视角，并且纠正自己的思路和想法。

例如，假设一个成员在个人复盘中发现自己没有完成目标的原因是工作方法有问题，而在群体复盘的过程中，大家通过分析和讨论，发现问题的根源是这名员工最开始的目标设定就是错误的。这时，该成员就要反思，为什么自己在挖掘问题的过程中得到的结果和大家分析的结果不同，自己挖掘问题的方法和思路出现了哪些问题。

参与者要通过对自我挖掘问题、找出解决问题的方法的过程和他人的这一过程进行对比，看到自身反思方式的问题，并在之后形成更有效的思考方法。通过这种方式，参与者能够快速培养透过现象看本质的能力。

因此，在群体复盘的准备阶段，参与者不要放松对自己的要求，而是要认真地完成工作问题分析的环节。

难以解决的问题

群体复盘是一个收获工作经验和方法的场景。在工作中，员工常常会遇到不知如何克服和解决的困难和问题，这是由个人的局限性造成的。在群体复盘中，其他参与者很可能在相同的问题方面有着更多的经验和方法。

每个人的经历和工作方式不同，达成目标的方法和路径也会存在很大差异。因此在群体复盘中，团队成员将自己难以解决的问题抛给其他参与者，往往就会得到有效的方法和经验反馈。俗话说："三个臭皮匠，赛过诸葛亮。"这是因为每个人都有自己的优势和劣势，当大家将优势进行互补时，就会产生"1＋1＞2"的效果。群体复盘在很大程度上就是在让成员相互查漏补缺，在共同学习的过程中获得成长。

因此在准备清单时，参与者要仔细盘点出自己难以解决的问题，不要错过解决这些问题的好机会。

下一阶段的工作目标和达成策略

在清单的最后一项，参与者还要呈现出下一阶段的工作目标和达成策略，让反馈者从不同的视角对其"挑毛病"，找出计划中存在的问题和潜在的风险。这样的过程能够帮助参与者完善自己的工作目标和计划，让之后的工作能够顺利、高效地完成。

群体复盘中的提前准备是非常重要的。准备工作做得越充分，反馈者可以讨论的内容就越多，参与者在群体复盘中的收获也就越多。

> 我现在的团队在刚开始进行群体复盘时，有些员工的准备比较敷衍，大家对其提供的寥寥无几的内容不知从何讨论。

第 7 章　群体复盘如何做才能打造铁血团队

这些员工在很短的时间内就走下了讲台,既没有收获方法,又没有获得成长。

在群体复盘结束后,我找到他们,严肃地说:"成长是每个人自己的事情。群体复盘不是在走形式,而是要达到获得成长的目的。事前不进行认真的准备,是一种对自己、对团队不负责任的表现,不仅耽误了自己的成长,还耽误了大家的时间。"

通过沟通,这些员工明白了群体复盘的意义和价值,并在下一次群体复盘时认真准备自己的整体工作情况清单,从而收获了群体复盘带来的成长。

群体复盘的整体工作情况清单决定了每个成员复盘的流程。参与者按照清单中的内容进行表述,然后反馈者根据内容的顺序轮流找出问题、给出建议。由此可以看出,提前准备群体复盘具有重要意义。参与者先要通过个人复盘梳理好自己的表述逻辑,准备好自己的"答卷",怀着紧张又激动的心情等待其他成员的检验。

当然,清单的形式可以根据需求灵活选择,如 Word 文档、PPT、思维导图等。让参与者进行提前准备的目的是使他们能在群体复盘中做出更好的表述。所以参与者不必拘泥于形式,而是要让清单真正发挥其应有的价值。

同一目标

群体复盘是建立在同一目标这一基础之上的。同一目标被称作"一个目标"。所有参与者只有向着同一个目标进行复盘，才能展现出相互赋能的力量。如果只是简单的批评甚至批判的话，不仅无法让成员获得成长，还会造成紧张的团队氛围。群体复盘的目标只有一个，那就是成长。群体复盘会让参与者感到痛苦，甚至在台上痛哭流涕，但是这种痛苦不是源于委屈，也不是源于团队成员的批评，而是源于认清了自己的问题和不足。

群体复盘并非以驳斥为主，不是让参与者发泄情绪、逞一时口舌之快而攻击他人的场合。群体复盘要给所有参与者带来力量，让大家的信任感不断加强，明白自己是"利益共同体"中的一员。对反馈者来说，所有复盘的初心都是一样的，那就是支持和协助。

因此在群体复盘开始前，所有参与者和反馈者要对成长这唯一的目标达成共识，明白在台上所经受的痛苦是为了帮助自己成长，在台下犀利地指出问题是为了他人的成长。

同一目标有两个反面例子，一个是"客套"，一个是"攻击"。"客套"是指反馈者在群体复盘的过程中，害怕影响同事关系，出于"留面子"的心态不去指出参与者的问题和缺点。"攻击"是指反馈者出于自己的主观偏见和情绪，用过激的语言攻击参与者，造成其心理上的伤害。这两种情况都会让群体复盘偏离轨道，失去支持和协助复盘参与者的初心。

小张和小李平时在工作中争强好胜，互不相让，产生了许多矛盾，形成了恶性的竞争关系。两个人都憋着一肚子火，要在群体复盘中争个高下。

在小张进行复盘时，小李说："小张你就是小肚鸡肠，生怕别人超过你，自己的好方法从来不分享给我们，太自私了。你这样，早晚会被大家孤立！"

在小李进行复盘时，小张说："小李你刚才说我小肚鸡肠？我觉得你就是以小人之心度君子之腹。你先好好反思一下自己吧！你自己能力不足还想凭借别人的方法达成目标，世上哪儿有这样的好事。"

于是，两个人越吵越凶，整个群体复盘的氛围都被破坏了。

反馈者要知道，群体复盘既不是拉拢关系的"名利场"，也不是公报私仇的"复仇地"。反馈者只有抱着坦诚的心态和为他人成长负责的心态进行反馈，才能收获他人的尊重。

"客套"不是同事间感情好的体现。如果反馈者不明确地指出参与者的问题，不让对方正确地认知自我进而获得改进的话，就是在阻碍对方的发展。"攻击"无法解决同事间的问题和矛盾，只会加深双方的误解，成为对方成功道路上的绊脚石。因此，在群体复盘中，参与者和反馈者都要抱着互利共赢、相互支持的心态，从客观的视角来帮助彼此发现问题、解决问题，向着共同的目标努力。

为了避免以上两种情况的出现，群体复盘的团队领导者，要在会前、会中、会后向所有参与者强调"一个目标"，使群体复盘的目标深深地印在每个人的心里，避免参与者因为客套或主观的偏见和情绪破坏群体复盘的价值与意义，让参与者时刻保持初心。

团队领导者可以提前召开动员会，将群体复盘的目标明确地告诉所有人，并阐述这一目标背后的意义。在群体复盘正式开始前，团队领导者可以在开场白中再次提醒参与者要以成长为目的，以支持、协助为初心，以相互赋能为追求。在群体复盘结束后，团队领导者要针对个别没有遵守规则的参与者进行沟通，了解背后的原因，并再次重申群体复盘的目标。必要时，团队领导者可以视情节的严重性进行处罚，让参与者明白不遵守规则的后果是什么。

同一目标是保障群体复盘成功的关键。当参与者都本着共同成长、共同进步的态度坐在会场中时，每个人才会获得力量。

空杯心态

群体复盘的第三个"一"是"一个杯子"，即空杯心态。所谓"空杯"就是指所有参与者都要像空杯子一样，不存任何芥蒂地接受大家的批评与建议，让越来越多的好方法和正确的改进方向慢慢灌满自己的"杯子"。

能够接受他人的批评与建议是非常优秀的品质。当参与者能够客观地看待他人的反馈时，就说明其能够正确地看待真实的自己，并真正在为自己的成长做出努力。

中国古代有许多圣贤都具有这种空杯心态。《孟子·公孙丑章句上》中有这样一句话："子路，人告之以有过，则喜。"当别人指出子路身上的缺点时，他不但不生气，反而很开心，而且会很快地将这些缺点改正过来。子路的"喜"是因为别人帮助他发现了自身的不足，让他自己有了改正和成长的机会。

古代还有一位先贤，那就是治水的大禹。史书记载，"禹闻善言，则拜"。意思是说，大禹只要听到别人对自己说了有价值的话，就会给对方行礼。

这两位圣贤都认识到了他人的批评与建议本质是在帮助自己成长，所以他们一个"闻过而喜"，另一个"闻善则拜"，最终成为整个中华民族的榜样和骄傲。

所以，空杯心态对于一个人的成长十分重要。群体复盘是一个非常难得的收集他人真实反馈的场景，如果参与者无法做到"空杯"，就很难收获成长，如此难能可贵的机会也就浪费掉了。

具体怎样做才算是"空杯"呢？那就是在进行复盘的成员，除了说明原本的事实以外，不要对反馈者指出的问题进行任何解释和反驳，仅以倾听和反思为主。这就是空杯心态的核心。参与者只有将自己当作空无一物的杯子，才能有空间收集他人的反馈。

很多参与者在面对他人的批评时总是急于反驳和辩解，这是因为他没有理解他人批评的目的是什么。参与者倾听他人的意见是为了认识到自己身上的不足，而不是为了证明"我没错"。

在群体复盘中，反馈者是抱着支持、协助的心态来帮助参与者成长。如果参与者对反馈者的批评和建议进行反驳，就会阻断反馈的通道，这样就无法获得真实、准确的信息。许多参与者就是在无法得到他人真实反馈的情况下，变得越来越骄傲自满、目中无人，最终经受惨痛的教训。

因此，保持"空杯"，接受他人的建议和批评是群体复盘非常重要的一个原则。

在《战国策》中有一名篇——《邹忌讽齐王纳谏》，这篇文章讲的是这样一个故事。齐国大臣邹忌认为自己相貌俊美，常常将自己和齐国美男子徐公进行比较。他问妻子："我和徐公相比，谁好看？"妻子回答："你好看。"他又去问自己的妾同样的问题。妾说："徐公怎么能比得过您呢？"后来，他又问家中的门客同样的问题。门客说："徐公不如您俊美。"

第二天，邹忌见到了徐公，才发现自己不比对方俊美。发现所有人都在欺骗自己后，邹忌进行了深刻的反思。他明白了妻子骗他是因为偏爱他，妾骗他是因为惧怕他，门客骗他是因为有求于他。

于是，他面见齐威王时将这件事说给齐威王听，并说："您是齐国之主，爱您、怕您、有求于您的人一定远远超过我。这样看来，您受到的蒙蔽更加严重。"

齐威王听了邹忌的话深以为然，于是下令："所有的大臣、官吏、百姓，能够当面批评我过错的人，给予上等奖赏；直言规劝我的人，给予中等奖赏；能够在众人聚集的公共场所指责、议论我的过失，并传到我耳朵里的人，给予下等奖赏。"

从上面的这则中国古代故事可以看出，当一个人的身份、地位越高时，身边愿意揭示其缺点的人就越来越少，这个人能正确认知自我的机会也就越来越少。

正是为了避免这一情况出现，企业才要为组织中的所有人搭建一个群体复盘的场子。大到全国范围内的区域经理，小到一个团队中的基层员工，都可以在群体复盘中听到他人真实的反馈，看清真实的自己，让有益的建议一点点地将自己的"空杯"填满。

在群体复盘中，团队领导者要抱着空杯心态从大家的言语中反观自己的管理问题；参与者要抱着空杯心态听取他人意见，做到"有则改之，无则加勉"；反馈者也要抱着空杯心态，以支持、协助为初心，真诚地帮助他人成长。只有所有团队成员做到"空杯"，才能让群体复盘在真实、坦诚的环境中发挥真正的效用。

现场把控

良好的现场把控是保证群体复盘顺利完成的关键，而现场把控的核心就是要做到"一个主持人"，他是把控群体复盘现场秩序的关键。

在群体复盘中，主持人一般由团队领导者担任，如一个团队的主持人为团队主管，一个区域主管团队的主持人为区域经理，一个公司高层管理者团队的主持人为公司负责人等。一般来说，团队领导者要具有很强的控场能力，保证群体复盘按照流程进行，从而避免现场出现混乱、争吵的情况。

　　由于群体复盘的参与者较多，大家表达的内容犀利、尖锐，难免会出现一些互相争执的情况。这时，主持人就要出面进行正确的引导，以领导者的身份把控现场秩序，让整体流程向着积极向上的方向发展。

　　当现场出现反馈者带有主观情绪进行评价时，主持人要及时出面制止，并说明这种行为违反了"对事不对人"的原则，需要所有人都予以注意，以此来保护参与者的尊严。当现场出现参与者和反馈者就一个问题争执不下、无法达成共识的情况时，主持人要出面进行裁决，避免因长时间讨论一个问题导致群体复盘陷入僵局、降低效率，阻碍群体复盘流程的整体推进。

　　　　在一次跨部门主管的群体复盘中，每当一个部门主管上台陈述时，其他部门的主管就会指出对方在工作中种种不支持其他部门工作的行为。销售部门指责生产部门不能按期交货；生产部门指责采购部门对原材料的供应跟不上需求；采购部门指责财务部门不了解实际工作情况，总是向原料商提出分期付款的要求，降低了与其合作的成功率等。几个部门的主管都在相互指责其他部门提供的支持不够，而每个主管又都有各自的底线。大家一直在争吵，各不相让，不仅让场面变得十分混乱，而且问题也没有得到解决。

　　　　面对这种情况，公司负责人以第三方的视角发现，各部门难以解决的核心问题是：需要向其他部门提供的支持与各自的底线产生了严重的矛盾。销售部门的底线是按期向客户交付产品，生产部门的底线是不能长时间加班，采购部门的底线是快速和原料商达成合作，财务部门的底线是利益最大化地进行资金流动。

于是，公司负责人看准时机出面调停，说道："群体复盘确实需要大家互相指出各自的问题，但是也要懂得换位思考，站在对方的角度看问题。每个部门面临的困难大家都听到了，现在给你们10分钟，各自反思一下，在支持其他部门的过程中，你们的部门可以做出哪些妥协，怎样做才能获得双赢的效果。"

公司负责人说完后，会场马上安静下来，各部门都在思考各自的问题。10分钟后，各部门主管再次发言。这次，销售部门表示愿意和客户谈一谈分批交货的可能性，生产部门表示可以每天加班来缩短工期，采购部门表示愿意和原料商针对分期付款的事情再深入地协商一下，财务部门表示可以在一定范围内接受一次性付款的合作条件。

在公司负责人的协调下，各部门终于达成了共识，顺利解决了问题。

在群体复盘的过程中，团队领导者一定要做好主持人、领导者、裁决者的角色，把控好现场的秩序，在大家陷入争论困局的时候，站在全局视角引导大家"破局"。

管理者只要把控好以上4个环节，就能让群体复盘高效、顺利地进行，让组织和团队的问题得到真正的解决。

管理者做好群体复盘的 3 个核心

要让群体复盘呈现出应有的价值，管理者需要关注 3 个核心点——简单开放、评价清晰、实事求是。在群体复盘中，管理者要以这 3 点作为判断依据，来检验复盘的整体流程、会场气氛、发言基调、主持引导等方面是否符合标准。

简单开放

简单开放是群体复盘的底层逻辑。所谓"简单开放"，就是指参加群体复盘的成员彼此间要没有顾虑和猜忌，抱着相互信任、渴望成长和支持他人成长的态度来到会场。

阿里巴巴有句话："因为信任，所以简单。"在群体复盘的过程中，假如参与者彼此之间不信任的话，一方的表达就会使另一方产生各种猜测和怀疑，而每个参与者接收到的信息也会被加上一层滤镜。这样不仅会影响群体复盘流程的进行和最终的效果，也会引发团队成员间的各种矛盾，不利于团队良好氛围的营造。

我很喜欢一句话："你复杂，世界便复杂；你简单，世界便也简单。"很多时候，建立信任、保持简单能够让事情的推进变得十分顺畅。群体复盘也是一样，管理者只有为团队营造出简单开放的现场氛围，才能让参与者打消所有的顾虑和猜忌，畅所欲言地表达自己的观点。

要在群体复盘中做到简单开放，管理者需要在两个方面进行努力：一是在日常管理中为团队营造一个简单开放的氛围；

二是在群体复盘的流程设计中加入能够促进团队成员敞开心扉的环节。

很多时候，团队的氛围就决定了群体复盘的氛围。如果团队成员在平时的工作中就存在互相打小报告、传播不利于人际关系的谣言等行为，管理者就无法指望群体复盘能呈现出良好的现场氛围。因此在日常工作中，管理者就要不断强调简单开放的重要性，并通过开展共创会、复盘会、裸心会等形式培养团队成员正确表达自我观点的能力，让人与人之间的关系变得简单、坦诚。管理者需要持之以恒地为团队打造一个良好的氛围。这样的过程虽然漫长、艰难，却是管理者不可忽视的重要环节。

除了营造和维护日常团队氛围，管理者也可以在群体复盘正式开始前设置一些小的游戏环节，让参与者敞开心扉，消除彼此间的隔阂。

在这里，我向大家推荐一个叫做"鲜花与拳头"的破冰小游戏。这个游戏可以帮助参与者快速进入坦诚、信任的状态，同时消除尴尬的氛围。

游戏的流程是这样的。

（1）送出鲜花。

所有参与者按照顺序接受他人的赞美。参与者赞美他人的句式为"(时间)，我看到你（具体事项），我感到（真实情绪），所以我要将鲜花送给你"。赞美的内容一定要落到具体的事情上，比如"上周，我看到你为我的方案提供了很好的建议，我感到非常开心，所以我要将鲜花送给你"。

当大家都送出"鲜花"后，被赞美的人可以说一说自己的感受。这种形式能够让参与者看到彼此的优点,增加彼此的信任。这种正向反馈往往能激发参与者表达的热情,培养参与者的自信心。

(2)给出拳头。

在送出"鲜花"后,所有参与者同样按照顺序接受他人的批评。参与者批评他人的句式与赞美句式类似,"(时间),我看到你(具体事项),我感到(真实情绪),所以我要将拳头送给你"。批评的内容同样要聚焦到具体的事情上,比如"昨天,我看到你没有完成工作任务,我感到有些担心,所以我要将拳头送给你"。

给出"拳头"的目的是让参与者站在不同的视角互相指出问题,帮助彼此查漏补缺、获得警醒。当然,在这一环节结束后,被批评的人也可以说一说自己的感受,让彼此的交流形成闭环。

"鲜花与拳头"的互动游戏其实是群体复盘的一个热身练习。参与者可以通过这样的游戏,体验简单开放的氛围的意义与价值,从而为群体复盘营造出良好的现场氛围。

当然,管理者也可以针对团队情况设计一些个性化的暖场游戏,让参与者在没有芥蒂的情况下进行正式的群体复盘。

评价清晰

在群体复盘中,反馈者的评价要清晰、明确,不能模棱两可。

以我的团队为例,每次做群体复盘时,员工都要轮流上台讲一讲这段时间自己哪些方面做得好,哪些方面做得不好。讲完后,团队的其他成员要给出清晰的反馈,明确指出被复盘者哪些地方说得对,哪些地方说得不对,哪些工作做得好,哪些工作有问题。然后,反馈者还要对对方这段时间的工作表现进行明确的打分,告诉对方是 3 分还是 5 分。

这是一个残酷的过程,我的团队每隔一段时间就会做一次群体复盘。团体成员会当着十几个人的面告诉每个被复盘者:"你的得分是 3.5 分,你的表现没有达到我的预期。"

一方面清晰的反馈是为了让被复盘者获得一个更直观的自我判断依据,从而更好地认知自我;另一方面,反馈者也要通过包含具体细节的评价反观自身,思考"我在评价他人的时候,自己做得如何"。这样的过程对每一个参与者来说都是不能逃避的极大挑战。

为了帮助参与者进行清晰、明确的评价,团队领导者可以在群体复盘前制订好反馈标准,比如业绩结果的评价标准是什么,关键指标的评价标准是什么,团队建设的评价标准是什么等。之后,团队领导者可以将这些反馈标准整理为评分表,在群体复盘前发放给所有参与者,让他们利用表格做出更加客观、公正的评价和反馈。

要想使群体复盘获得成功,需要每个反馈者都能做出清晰的评价。因此,团队领导者要在群体复盘开始前树立好明确的反馈标尺,给出反馈者具体、可操作的评价依据。

实事求是

在群体复盘中，实事求是是对反馈者的基本要求。在进行评价、反馈的时候，反馈者只有做到实事求是，才能把建议更好地传递给进行复盘的成员。

要做到实事求是，需要反馈者从参与者的实际情况出发，对于事实既不夸大，也不回避，而是客观地将自己看到的问题反馈给对方。如果反馈者在进行评价的过程中带有主观情绪和偏见，或没有掌握好沟通的分寸，对参与者做出了偏离事实的评价，就会引起对方的情绪。

实事求是的关键在于，反馈者在进行评价的过程中尽量只说出事实，不做过多的主观评判。印度著名哲学家吉杜·克里希那穆提说："不带评论的观察，是人类智慧的最高形式。"所以在群体复盘中，反馈者要培养自己对事实的探究能力。

很多时候，主观评判往往会引起人们的防备心理。比如在群体复盘的过程中，一个反馈者发现某成员的业绩目标完成得很差，这时如果反馈者直接说："你在工作中一定不够努力才导致这样的结果。"对方心里可能会想，"你凭什么说我不够努力，你又有多努力呢"？对方之所以出现这种情绪，是因为反馈者的评价没有建立在事实的基础上，并且还给对方贴上了一个"不努力"的标签。

每个参与者都不希望自己被他人贴标签，不喜欢他人对自己的个人价值指手画脚。所以，反馈者正确的评价方式是"你的业绩目标没有达成的原因是，你的过程数据和关键指标没有达到公司的标准，在这方面你需要警醒和注意"。类似这样的反馈是在事实的基础上得出的评价，并没有否定参与者的个人价值，更能被对方理解和接受，并能让对方主动认识到自己不够努力的事实。

反馈者在做出评价的同时，还可以表达出自己对问题可能造成的后果的担心，让参与者明白"我是站在帮助、支持你的角度给出的批评和建议"，从而拉近彼此间的沟通距离。

在群体复盘前，团队领导者可以对参与者进行简单的沟通练习和辅导，帮助他们分清什么样的评价是"实事求是"的，什么样的评价是"带有人身攻击倾向"的，以此促进群体复盘的沟通更加顺畅、有效。

群体复盘是管理者发现组织和团队问题的重要工具，也是员工认知自我、挖掘不足的有效手段。管理者要用好群体复盘，让组织和团队在不断发现问题、解决问题的过程中快速向前发展。

第 8 章

跨级复盘如何做才能提升组织能力

现实中的许多公司都面临着组织脱节的问题，面对这种情况，管理者需要利用跨级复盘这一工具，为组织搭建高质量对话的场子。要做出高质量的跨级复盘，管理者需要了解其三大作用，熟悉其流程步骤，明确其成功的标准。管理者要利用好跨级复盘这一组织发展的利器，打破组织间的壁垒，促进所有组织成员共同成长。

什么是跨级复盘

阿里巴巴的绩效考核遵循"三对一"的原则,即员工、员工主管、员工主管的上级和 HR 一同参与,形成三对一的考核形式。这样做的目的是让绩效考核更加公平、公正,也能够让上级管理者了解下级管理者是如何进行管理的。在这个过程中,HR 主要担任记录、协调的角色,甚至在员工与管理者意见无法达成一致时,会站在旁观者的视角进行仲裁。

跨级复盘就体现出"三对一"的原则。所谓"跨级"就是指跨级复盘的主要参与者为 3 个不同层级的人员。其中,最高层级的人被称为主管;主管的下属管理者为次级主管;最低层级者则是员工。跨级复盘能够帮助管理者打造一个前后衔接、持续贯通的组织。

下面就让我们一起来了解到底什么是跨级复盘。

搭建一个高质量对话的场子

　　之所以说跨级复盘是在为组织搭建一个高质量对话的场子，是因为其关注的核心是打造组织能力，其高质量的属性则体现在参与者的前两个层级大多为中高层管理者，比如总裁和决策层管理者、COO 和区域主管、区域主管和团队主管等。

　　参与跨级复盘的人员职位越高，带来的视野越广，看法越丰富，也越接近事物的本质。另外，跨级复盘主要修炼的是管理者的"腰部"管理能力和领导能力，即懂战略、搭班子、做导演。

　　我在为一些企业做管理咨询的时候发现，很多中高层管理者并不知道自己的下属是如何进行管理的，这就容易造成"灯下黑"。因为他们看到的永远是下属这个人，但是看不到下属管理的员工和团队具体是什么情况。这种信息的缺失很容易导致基层团队出现隐患。而跨级复盘就为管理者提供了了解基层情况的机会，也能让管理者看到自己的下属存在怎样的管理问题。通过这样高质量的对话场景，管理者既可以发现组织上的问题和缺陷，又能够站在更高的视角辅导自己的下属，培养其领导力，这对中高层管理者来说一举两得。

　　同时，许多基层员工或基层管理者对公司战略层面的信息掌握相对较少，这就容易导致其在工作过程中无法理解自身工作的价值和意义，不清楚自己的工作处于公司整体运作中的哪一个环节。这不仅会造成他们对工作方向和决策的误判，还会导致其工作热情和积极性持续降低。

　　利用跨级复盘可以搭建一个很好的上传下达的场景。中高层管理者可以通过这一场景将公司的战略规划和发展前景展现给基层员工或管理者，让他们看到自己工作的价值和意义所在，从而激发其更大的热情和动力。

通过跨级复盘，3个不同层级的人员可以自下而上或自上而下地传递整个组织的信息，促进个人和组织的整体发展，让组织的前后组成部分相互衔接、持续贯穿，融合成一个有机的整体，进而形成正向的循环。

跨级复盘的三大作用

跨级复盘具有三大作用：对关键个体有触动、共修"腰部"管理力和组织贯通。这三大作用可以同时帮助跨级复盘3个不同层级的参与者解决自身问题。

对关键个体有触动

对关键个体的触动分为两类，一是对次级主管，二是对复盘参与者。

跨级复盘既可以帮助上级管理者磨炼下级管理者的管理能力，又可以帮助复盘参与者挖掘自身问题，找到改进方法，看清发展方向。

跨级复盘对于个体的触动点在于，下级主管通过员工的复盘进行反思，以及通过上级主管的点评进行学习，从而认清自身在思维方式、管理方法等层面的问题。

比如，同样是针对产品开发层面的问题，下级主管的关注点可能会局限于产品开发过程中的具体问题上，而上级主管的关注点可能在于当前的产品开发工作与公司战略的结合是否存在割裂等问题。每个人所处位置的不同决定了看问题的角度不同。下级主管可以通过对上级主管的视角的观察来迅速提高自己的眼界与格局，进而获得快速成长。

对进行复盘的员工来说，跨级复盘可以让其站在更高的维度来看待自己的工作，在这种"揪头发"的过程中找到工作的价值和意义，从而激发更大的工作激情和动力。

跨级复盘通过对两个不同层级个体的触动，能够激发组织活力，使组织的发展方向和公司的战略方向相统一。

共修"腰部"管理力

很多时候，处在中高层管理岗位的人并不一定具备中高层管理者的思维和能力。有很多企业的中高层管理者甚至负责人，都在以一个基层员工的心态进行工作。

我见过一些小型企业和创业公司的老板每天亲自做业务，忙得不可开交，但是管理的事一件也没有做，这种本末倒置的现象在当今企业中并不少见。所以，中高层管理者修炼自身的"腰部"管理力是十分重要的。

什么是"腰部"管理力？阿里巴巴管理"三板斧"分为"腿部三板斧""腰部三板斧"和"头部三板斧"。这些"三板斧"可以针对不同的管理层级进行不同层次的管理培训。其中，"腰部三板斧"就在"懂战略、搭班子、做导演"方面为中高层管理者提供了"战略、组织、执行"3个层面的方法论。

"懂战略"就是指中高层管理者不仅要了解公司战略是什么,还要明白战略背后的逻辑价值与意义。中高层管理者只有理解了这些层面,才能更好地带领组织落实战略、走对方向。

"搭班子"就是指中高层管理者通过对组织资源的调配解决团队问题,平衡各方面的力量,构建具备战斗力的组织和团队,从而达成公司的整体战略规划。

"做导演"要求中高层管理者具备将公司战略落地执行的转化能力。中高层管理者既要懂战略,又要了解一线工作的实际情况,通过战略和现状的融合,制订切实可行的战略执行方案。

"懂战略、搭班子、做导演"要求中高层管理者从战略、组织、执行3个方面提升自身管理能力。对中高层管理者来说,跨级复盘同时兼顾了对这3方面的磨炼和修习。

在跨级复盘中,中高层管理者可以在展示公司战略的同时,加深自我对战略的理解。高层管理者通过复盘参与者的反馈和对中层管理者的管理问题挖掘,可以发现组织资源调配上的问题。中高层管理者可以通过被复盘者的反馈了解团队的真实情况,进而将公司战略和一线工作进行有效的匹配,让战略规划得以实行。

组织贯通

中高层管理者经常需要面对和解决组织断裂的问题,其中又包含了战略与执行的断裂、资源调配的不平衡、组织与员工的断裂、人与事的断裂等问题。这些问题常常会引发许多连锁反应，进而阻碍公司的整体发展。

为了解决这些问题，中高层管理者可以通过跨级复盘的形式了解一线工作的真实情况，发现中层管理者的管理问题，找到战略与执行之间存在差距的根源，反思资源调配过程是否合理。

通过对这些问题的探究与分析，中高层管理者可以更好地调和员工与工作、组织与员工之间的关系，将资源整合到合适的团队或部门，最大限度地实现从战略到执行的转变，从而使组织得以贯通，促进企业平稳、快速地向前发展。

跨级复盘是对公司高层、中层和基层人员的共同修炼。在这样一个高质量的沟通场景中，管理者可以高效地发现并解决组织中的各项问题，快速提升组织能力，从而让组织成员得到成长，让团队提高战斗力。

如何进行跨级复盘

跨级复盘主要分为以下3个步骤：第一步是员工讲述工作情况，第二步是次级主管反馈和提问，第三步是主管进行点评。这3个步骤对不同层级的人员有着不同的要求和标准。所有参与者只有各司其职，做好各自的环节，才能让跨级复盘发挥出提升组织能力的作用。

下面，我们将通过一个完整的案例来看一看跨级复盘具体应如何操作。

小美（员工）原本是一家跨境电商公司的平面设计师，在工作了一段时间后，她非常想尝试一下运营岗位的工作。于是，她向设计部门的主管提交了转岗的申请。运营部主管（次级主管）和公司负责人（主管）商议后，决定给小美一次追求自己喜欢与热爱的工作岗位的机会，但是要求她在一个月内独立运营一个线上跨境店铺，并达成运营目标。小美如果完成了这一任务，就能够顺利转岗。

对中高层管理者来说，这次人员调配也是对组织资源进行调整的一次尝试，能够发现业务和团队中的一些问题，所以大家都非常重视这件事。

一个月后，公司负责人召集运营部主管、HR和小美开展了一次跨级复盘，检验小美这次尝试转岗的成果。

第一步：员工讲述工作情况

跨级复盘的第一个环节是员工讲述工作情况。对员工来说，跨级复盘既是一次难得的向上沟通的场景，又是认知自我、开阔视野的机会。下面，我们来看一看小美在这次跨级复盘中是如何做的。

小美一边展示自己事先准备好的PPT，一边讲述工作情况。在这一过程中，公司负责人、运营部主管和HR都没有插话打断小美，而是以倾听为主。

小美：PPT中展示的是我尝试转岗后的当月运营店铺的

结果数据。实话实说，无论是业绩目标，还是店铺的运营指标，我都没有达到主管和公司负责人当初设定的目标。对于这一点，我感到很愧疚，觉得辜负了大家对我的信任。

对此，我也进行了问题分析和总结。在接手这个跨境线上店铺之后，我发现自己关于运营岗位的专业知识有非常大的欠缺，导致自己在工作时面临很大的困难和压力。

第一，我对平台运营工作不熟悉。从接手到适应平台的操作，我花费了两周的时间。等我找到运营平台的工作方法和技巧后，规定的一个月已经过去了。

第二，我的英语不是很好，之前没有接触过专业领域的英语词汇和语法。在进行跨境交流的时候，我需要查阅许多专业英文资料，使用翻译软件才能和客户顺利沟通，这导致我的工作效率不高。

针对以上两点，我也做出了努力和改变。工作之余，我将所有时间都花费在运营和英语专业知识的学习上。在过去的一个月内，我的这两项技能已经能够满足运营工作的基本需求。当然，要想做得更好我还需要继续努力学习。

虽然这次没有完成自己的目标，但是我真的非常喜欢运营工作，希望大家能够给我一次转岗的机会。

上文中，小美做出的自我表述相对完整和标准，符合复盘环节中的要求。

首先，小美通过PPT展示出直观的结果数据，并且坦诚地告诉大家自己的业绩目标和运营指标并没有达成。

在跨级复盘中，员工一定要如实地展示自己的业务数据，不要害怕暴露问题。跨级复盘就是一个发现问题并解决问题的过程，如果员工隐瞒数据、模糊自身的问题和责任，就无法在跨级复盘中获得成长。俗话说："人无完人。"员工不要担心自身存在不足和缺点，要具备直面问题的勇气。出现问题不可怕，可怕的是无法认清和发现自身的问题，导致相同的问题反复出现。

另外，为了保证员工工作数据的真实性和准确性，HR可以在跨级复盘开始前提前对相关数据进行收集和整理，对基本事实核对清楚，保证员工和反馈者手中的数据是相同的，避免双方在基本事实层面发生争执。

在展示完结果数据后，小美又对业绩目标和运营指标没有达成的原因进行了分析。小美的这段表述，一方面让管理者了解到她的实际工作情况和场景，以及面临着怎样的问题和困难；另一方面在讲述工作的过程中，小美做到了从自身出发剖析问题，没有将问题的根源归结于外在的客观因素。在分析问题的同时，她还说出自己解决问题的行动和方法，为管理者提供了充足的信息，方便他们之后提供改进方法和建议。

在分析自身问题时，员工要尽量从自身出发寻找问题的根源，不能将责任归咎于外界客观因素。对员工来说，讲述工作情况的过程是一个很好的自我反思的机会。只有当员工发自内心地认识到自己的问题和不足时，才会产生改进的动力。

最后，小美也表达出自己想要再次争取转岗机会的意愿，将自己的想法真实地传递给管理者。

跨级复盘可以帮助搭建向上沟通的场景。在日常工作中，管理者如果无法及时了解员工的需求和想法，就可以通过跨级复盘这一沟通工具，倾听员工内心的声音，从而给予其支持和帮助。因此在跨级复盘的过程中，员工要将自己的需求大胆地反馈给管理者，一方面可以帮助管理者了解实际情况，做出资源调整，另一方面也可以为自己达成目标争取到更多的支持和帮助。

第二步：次级主管反馈和提问

次级主管即员工的直属管理者。在跨级复盘中，次级主管主要负责挖掘员工的工作问题、提出改进建议和给出真实反馈3个方面的工作。

下面我们继续通过小美的案例来了解在跨级复盘中，次级主管如何做好反馈和提问。

在小美讲述工作情况结束后，运营部主管先针对小美的上一阶段工作情况进行评价和反馈。

运营部主管：小美，你的业绩结果是不合格。我根据公司的绩效考核标准给你这一段时间的工作成绩打出50分，并且你也没有完成管理层为你定下的目标，所以你现在进行正式转岗肯定是不行的。但是，我看到你这一个月付出了很多努力，每天晚上都在加班。而且，刚才你对工作问题的分析也比较全面、深入。所以对于转岗的事情，我想先听一听你的想法和意见。

小美：来到公司以后，我虽然做的是设计工作，但是运营部的工作内容和氛围深深地吸引了我。在工作之余，我也学习了很多运营相关的知识，对运营这项工作也越来越感兴趣。现在，我的职业目标是成为运营领域的资深专业人士。为了达成这一目标，我首先要做的就是进入运营这一工作领域，这也是我主动提出转岗申请的原因。

这次，我虽然在试岗期间中遇到了很多困难，但是也通过努力慢慢找到了方法和技巧。我希望公司能够给我最后一次机会，再给我一个月的时间。在这一个月里，我一定会达成业绩目标。当然，如果最后还是没有达到大家对我的要求，我也愿意继续留在公司工作。

运营部主管：你想要转岗的意愿表达得非常清楚，我也看到了你对运营工作的热爱。但是，你如何能保证自己在一个月内达成业绩目标？

小美：在跨级复盘前，我做过详细的数据分析和流量预测。我发现，以我现在运营的店铺数据，我有把握在一个月里达成业绩目标。

运营部主管：用数据说话这点很好，但是数据不能代表一切，所以我想听一听你对公司产品的理解。

于是，小美详细地表述了自己对于公司产品的理解。

运营部主管：你对产品的理解非常透彻，看得出你花费了很大精力进行学习。那么对于目标达成，你能否给出一个完整的运营方案？

小美点点头，并在会议室的白板上展示出自己的运营方案。

运营部主管：如果执行这个运营方案，那么你认为过程中会遇到哪些困难？

小美：我的专业能力还是有很大的欠缺，这会降低我的工作效率，拖慢我的运营节奏。

运营部主管：你准备如何克服这个困难？

小美：我已经在网上购买了一套相对完整的运营课程。每天下班后，我会花费一个小时进行学习。同时，我也将工作中遇到的专业领域的英语词汇做了总结和整理，每天早上和睡前进行背诵。我会通过这两个方法提高自身的业务能力。

运营部主管：通过你的回答，我看到了你达成目标的信心和转岗需求的强烈意愿，也看到了你为了争取转岗机会所做出的努力。我很赞赏你对目标的坚持和不畏困难的勇气，但是从我的角度来看，你需要关注的是自己的学习进度能否跟上业务进展的速度。如果能够解决这一问题，我相信你会达成下个月的业绩目标，同时我也很愿意再次为你提供转岗的机会。

小美：您说的问题我一定会注意。之后，我会严格落实自己制订的学习计划，努力达成目标。

在上面这段对话中，运营部主管首先给出小美明确、清晰的反馈，让对方明白自己的绩效没有达标，工作结果也没有达到管理层的预期，所以不能正式转岗。之后，运营部主管通过不断提问的形式来探究小美转岗意愿的强烈程度。在听完小美的回答后，运营部主管做出再给小美一次机会的决策。

在反馈的过程中，次级主管要给出员工清晰、具体的评价，让对方了解自己有没有达到公司的要求。如果没有达到，次级主管要让员工看到结果与预期之间具体有多大的差距，这样员工才能知道还需要从哪方面努力才能达成目标。

当员工的工作结果不理想的时候，次级主管不能直接进行反驳，而应根据"三分提问，七分倾听"的原则来判断员工的工作意愿，探究其工作细节和方法，找到问题的根源所在，进而做出合理的决策。就像这个案例，运营部主管通过小美的表述，发现她不仅对运营工作抱有极大的热情，而且花费了大量的时间和精力进行详细的数据分析和流量预测；不仅对公司的产品理解非常深入，而且能够拿出一套相对完整的运营方案。这些细节证明了小美有能力胜任运营的工作，只是缺少时间进行能力的提升。所以，运营部主管首先从自己的角度出发，提醒小美需要注意的风险，然后做出了合理的决策。

在跨级复盘中，次级主管需要通过提问的形式引导员工呈现出真实、准确的工作情况，从而帮助自己和主管了解基层员工的现状，发现团队和管理存在的问题。

第三步：主管进行点评

跨级复盘的第三步是主管进行点评。主管是跨级复盘中职位最高的人，因此要站在全局的视角对整场复盘进行点评，帮助次级主管和员工打开视野、转换思维，为所有参加跨级复盘的人赋能。

下面，我们还是通过小美的案例来看一看，主管如何在跨级复盘中进行点评。

公司负责人：整场跨级复盘给我带来了很深的感触，让我意识到我们的团队还有许多问题有待改善。

首先，我要表扬小美。你对自己的目标和愿景的追求、对工作认真努力的态度，非常符合公司一直倡导的价值观。虽然这次目标没有达成，但是我从你的身上看到了很大的潜力。我和运营部主管的意见一样，会再给你一次尝试转岗的机会，希望你能够早日达成业绩目标，顺利转岗。当然，如果目标还是没有达成，那么这个岗位可能并不适合你，到时候我们再另作安排。

然后，我要给运营部主管一些建议。小美这次没有达成业绩目标，你是负有一定责任的。首先，对一个刚刚上岗的新人来说，能力不足是可以预估到的问题。但是对于这样的问题，你并没有提前进行思考和应对。在管理过程中，你也没有给到小美足够的培训和辅导。这说明你对风险的感知和把控能力不足。其次，对于小美的工作进展，你缺乏及时的跟踪和反馈。小美面对的许多困难和阻碍都是在这次跨级复盘中才暴露出来的。其实，这些问题在日常工作中就能得到很好的解决。

所以在之后的管理工作中，你要加强对新人的培养，制订完整的培训方案，加强团队的组织建设。同时，你还要提高自己感知风险、把控风险的能力，通过早会、晚会、日报等管理抓手，及时跟踪员工的工作进展，帮助员工解决问题。

最后，我给出以下3点建议。

第一，小美需要时间的沉淀和方法的积累。所以，我会再给你一个月来达成业绩目标和运营指标。

第二，小美需要加强技能和专业知识的培训和学习。所以在之后的一个月内，运营部主管要增加对小美一对一辅导的时间和次数，帮助她提升业务能力。

第三，运营部主管要更加紧密地跟踪小美的运营数据，做到及时发现问题、解决问题。

希望我们能够齐心协力，为了达成目标付出各自的努力。

这次跨级复盘结束后，小美通过自身的努力和运营部主管的辅导，终于在次月达成了业绩目标和运营指标，顺利进行了正式转岗，从事自己热爱的运营岗位。

在上面的案例中，公司负责人站在全局的视角看到了小美的优点和运营部主管出现的管理问题。

在跨级复盘中，主管既要对员工进行点评，又要对次级主管进行点评。跨级复盘的重要作用就是让组织前后衔接、持续贯通。所以，主管既要发现员工的具体工作和方法存在的问题，又要找出次级主管在管理层面上存在的不足和漏洞。

管理者所处位置的不同就决定了其视野和看问题的角度也不尽相同。在跨级复盘中，主管的主要作用就是站在一个更高的视角为员工和次级主管提供建议，让他们发现自己无法察觉的盲点，从而更好地认识自我，找到改进问题的方法和方向。

跨级复盘成功的标准

在所有工作复盘形式中，跨级复盘对参与者的要求是相对较高的。特别是对主管来说，不仅要从员工的表述中发现团队和组织的问题，还要从次级主管的提问和反馈中找出其管理问题。这既是一件非常具有挑战的事情，同时也是磨炼管理者领导力的重要方法。

一场跨级复盘的成功与否，往往取决于主管的点评和行为。在跨级复盘中，主管需要做到两点来保证复盘的成功：一是反馈要有足够的宽度、锐度和温度，二是探询次级主管和员工的观点并进行深入的自我反思。

反馈要有足够的宽度、锐度和温度

在跨级复盘中，主管进行点评是最后一个环节。作为总结性的发言，主管要尽可能地保证自己的反馈有足够的宽度、锐度和温度。

宽度

所谓"宽度"，就是主管的反馈面要相对较宽，点评的内容既要覆盖员工的具体问题，又要覆盖次级主管的管理问题，还要覆盖组织、业务、战略等多维度的问题。要做到这一点，主管需要具备以小见大的能力，能够通过他人表述中的细节来判断组织上的问题。

比如，当员工反馈自己做业务没有动力的时候，主管就要思考造成这一问题的原因是"激励机制不合理，没有调动起员工的积极性"，或是"次级主管没有做好员工的赋能工作"，还是"员工本身的工作态度出现了问题"。主管先要让自己思考的维度变宽，才能找到问题的根源。

锐度

在跨级复盘中，主管要做到能够一针见血地指出次级主管和员工存在的问题，用有足够锐度的点评让其认知自我。

要想让反馈有锐度，主管需要分清哪些问题是需要自己解决的，哪些问题是需要员工和次级主管解决的。

一般来说，客观问题是需要主管解决的。这些问题包括资源的支持与调配、战略规划的调整、管理机制的搭建等。而主观问题需要员工和次级主管解决。当发现主观问题的时候，主管需要通过有足够锐度的反馈明确地指出问题，从而引起员工和次级主管的注意和警醒。比如当员工心态出现问题的时候，主管可以用"棒喝"的方式提醒对方注意。再比如当员工的价值观出现问题时，主管要视情况决定对其予以警告还是直接辞退。

温度

管理其实是一个"视人为人"的过程。管理者肯定希望每个员工能够主动承担责任、拼尽全力地工作、自主地进行学习，甚至能够尽善尽美，不犯或者少犯错误。但是人无完人，每个员工都会有自己的缺点和不足，都会存在懒惰、粗心等问题。面对这些问题，主管要展现出足够的宽容和理解，通过换位思考的方式感受对方的情绪。

管理者要知道，员工出现问题并非一件不可饶恕的事情。如果员工保证相同的问题不会再次出现，管理就可以原谅员工的一些失误。

因此，主管的反馈也要体现出足够的温度，让员工感受到尊重和信任，这样才能激发其改正问题、乐于进步的动力。

总之在跨级复盘中，主管的反馈要有足够的宽度、锐度和温度。面对不同的情况和问题，主管要以不同的态度进行反馈，让问题得到最大化解决。

探询对方观点，自我反思

阿里巴巴有句话："任何人的错都是我的错。"对管理者来说，员工的问题都是由管理者的管理不当造成的。因此在跨级复盘中，主管要通过对次级主管和员工观点的探寻来反观自身的问题，找出组织、业务、战略等方面的缺陷和不足。

跨级复盘的一大重要作用就是组织贯通。通过跨级复盘，主管可以直接了解到基层的真实情况。

很多时候，当管理者制订一套战略方案时，很可能无法确定这套方案方向是否正确，是否得到了很好的执行，执行的过程中是否出现了问题，是否需要在下一次规划中进行调整。要掌握这些信息，管理者需要了解公司基层的真实情况，亲眼看到战略方案执行的整个过程，这样才能发现问题并解决问题。跨级复盘就提供了让3个不同层级的人员进行共同沟通的场景。

比如，主管可以从员工不良的工作状态中发现团队氛围的问题，可以从较差的团队业绩目标达成率中发现企业业务战略的问题，还可以从员工工作方法的缺失中发现企业培训机制的问题。

总之对主管来说，在跨级复盘中进行反思是一件十分重要的事情。如果管理者只是站在自己的角度自说自话，忙于批评别人而忽视了自我反思，那么跨级复盘就没有发挥其价值。

在跨级复盘中，管理者既要做到反馈有足够的宽度、锐度和温度，又要做到探询次级主管和员工观点并进行深入的自我反思。管理者只有认真遵守这两大标准，才能让跨级复盘为组织带来无尽的活力。

公司就像是一台复杂的机器，由不同的零件组成。管理者要想让这台机器正常运转，就要协调好组织中的各个部分，让所有人都能通力协作、相互配合。但是，现实中的许多公司都面临着组织脱节的问题，要么是高层制订的战略无法落实，要么是基层的工作情况无法向上传达。面对这些情况，管理者需要利用跨级复盘这一工具，打通组织间的壁垒，促进所有组织成员共同成长。

附录一
针对不同的员工怎么做工作复盘

个人

　　个人复盘是一种重要的自省方法，可以帮助个人强化自己的愿景和发展方向，同时看清业务、团队、个人成长等方面的问题，从而在工作上查漏补缺，快速提升能力。

　　下面我们就通过一个场景，来看一看个人复盘到底该如何具体操作。

　　小徐是公司运营部的主管，他喜欢通过自省的方式帮助自己成长，所以他会定期为自己做个人复盘。

　　这一天是小徐进行个人复盘的日子。在快下班时，他找到了自己的契约人刘哥，将自己这次复盘要用到的"思考清单"交给对方。

　　刘哥在仔细看完"思考清单"后对小徐说："我觉得你

最近的工作状态过于忙碌，每天要忙的烦琐事项太多，工作不够聚焦，你应当把这一点也补充到'思考清单'中。"

找到契约人，建立契约关系是个人复盘中非常重要的一步。契约人能够对个人复盘的主体形成有效的监督和约束，帮助其将个人复盘顺利落地。同时，契约人还能够从第三方的视角提供有效建议，帮助个人在复盘前完善"思考清单"，让个人的反思更加全面、准确。

在上面的案例中，刘哥从自己的视角发现小徐工作状态出现了问题，这是小徐自己没有意识到的。通过刘哥的建议和提醒，小徐开始对这个问题重视起来，并准备在个人复盘中分析并解决这一问题。

另外，在个人复盘开始前，员工还要认真准备好自己的"思考清单"，将需要剖析、解决的问题一一列举出来，帮助自己理清思路和逻辑。

回到家和家人吃过晚饭后，小徐径直走进书房并锁上房门，准备开始进行当月的个人复盘。

小徐为自己的个人复盘找到了一个独立空间——家中的书房。

个人复盘要在一个静谧且无人打扰的空间进行，这样能够让自己的注意力更加集中，思绪更加连贯。自省本身就是件非常困难的事情，个人复盘更要求对问题进行深度的剖析。因此要找到一个属于自己的空间，通过独处的形式进行自我审视。

在个人复盘开始前，小徐拿出提前准备好的"思考清单"，逐一审视上面的问题。然后，他静下心来，努力让自己脱离主观意识，站在第三者的视角，开始自问自答。

问题：我最大的梦想是什么？

回答：我最大的梦想是成为市场营销行业的领军人物。

在个人复盘中，每个人首先要明确自己的愿景是什么。愿景能够激励我们不断向目标攀登，不被现实击垮。马云说过："梦想就是做梦都要想。"每个人只有将自己的愿景不断重复、重复、再重复，将它印在心里，才能坚定信念，不至于迷失方向。

所以在个人复盘开始时，每个人必须要先明确自己的愿景。当一个人不再问自己梦想是什么的时候，就证明他的愿景已经消失了。

在坚定自己的愿景后，小徐开始问自己下面的问题。

问题：我最擅长做的是什么？

回答：我最擅长的业务是针对客户反馈调整营销策略和方案。

问题：我喜欢现在的岗位吗？为什么？

回答：我喜欢现在的运营部主管岗位。因为这一岗位能够让我快速实践并验证之前从书本、课程中学到的理论和方法，帮助我积累大量经验。同时，我也可以收到客户的直接反馈和建议，了解他们的实际需求与现有产品之间的差异。

问题：我现在所做的事情与我的梦想有什么联系吗？

回答：要想成为市场营销行业的领军人物，我需要具备以下的能力和资源。第一，调研及分析市场现状和未来发展趋势的能力。第二，洞察客户心理的能力……其中的一些能力可以在现在的岗位上得到锻炼。这些需要重点锻炼的能力有……我需要在之后的工作中，通过边学习边实践的方式，重点关注这几方面的成长。

小徐这一部分自我剖析的目的是在帮助自己分析当前的工作现状。在个人复盘中，员工只有清楚自己现有的资源和能力是什么，在达成目标的过程中需要付出什么，才能规划出一条通往愿景的路径。

问题：我在这一阶段的工作中犯了哪些错误？未来如何避免这些错误再次发生？

…………

在自问自答持续了一个小时后，小徐终于结束了这次的个人复盘。但是，他没有离开书房，而是拿出一张"改进清单"，将刚才总结出来的经验和方法记录下来，并编制好下一阶段的工作策略、成长重点和问题改进计划。

员工要将在个人复盘中获得的经验和方法进行认真总结，并在个人复盘后坚决地落地执行，这样才能发挥其价值和意义。个人复盘是员工认识自我、剖析自我的有效方式。员工可以通过它审视自己的目标、方向、能力、行为等多个维度存在的问题，从而在不借助外力的情况下达到成长和突破的目的。

在进行个人复盘的时候，员工需要注意以下 4 点。第一，找到一个不被外界干扰的个人空间。第二，遵循个人复盘"三分问，七分答"的原则，提前准备并拟定思考清单。第三，在自问自答的过程中保持坦诚的心态，直面自身的不足和错误。第四，在个人复盘结束后进行认真总结，输出可以落地的工作改进方案，从而形成闭环。

管理者与应届生

应届生是一个企业的潜力股。他们具备专业的能力，生活在良好的环境中，能够迅速成长，在未来势必成为独当一面的人才。因此，在应届生进行工作复盘的时候，管理者要关注短期和长期两个目的。短期目的是希望应届生通过工作复盘转正入职，长期目的是让他们个人得到快速的成长。

姚姚刚从一所名牌大学毕业，成绩优异的她在踏出校门的那一刻起就立志成为职场上的精英。她顺利地通过了阿里巴巴的面试，在试用期工作认真努力，和团队伙伴也保持着良好的关系。但是，从学生到员工、从校园到职场的转变还是让她有些疲惫，产生了许多困惑。在面对自己人生中第一次工作复盘的时候，姚姚虽然有些紧张，但内心还是觉得自己的努力和付出会得到管理者的认可。

管理者：姚姚，对于工作复盘你一定充满好奇，估计还有些紧张。我们都经历过这样的过程，理解你现在的心情。所以别担心，放松一点儿，我相信你会有很好的表现。下面时间交给你，先谈谈这段时间你的收获和困惑吧。

听到管理者温和的鼓励，姚姚紧绷的神经稍微放松下来，开始自己的陈述。

在上面的场景中，管理者并没有急于让姚姚进行自我表述，而是先用鼓励的口吻为她加油打气。人们在面对陌生环境时，难免会产生焦虑、紧张的情绪。对应届生来说，工作复盘就是一个非常陌生的场景。为了避免应届生因紧张而不敢进行表述，管理者要用轻松的语气鼓励对方多表达，使对方紧绷的神经放松下来，从而让沟通变得畅快、自然，让其实际工作情况顺利地展现出来。

姚姚：在进入公司以后，我将公司岗位培训和平时自学的知识应用到工作中。因为没有相关的工作经验，所以在刚开始工作的时候我还是遇到了许多困难，但是同事都非常耐心地帮助我成长，我也感受到了很好的团队氛围。

我是一个新人，还需要不断提升自己的能力。让我感到困惑的是，我觉得自己还没有适应快速的工作节奏，很多的时候会显得慌乱，我希望能尽快找到适应工作节奏的方法。

管理者：姚姚很坦诚，这点非常好！进入公司以来你非常刻苦、认真，也赢得了大家的信任。希望你能更自信一些，我们也会为你提供展示自我的平台。

对于不太能适应快速的工作节奏这一点，你不用过于担心，这是大多数应届生都需要克服的困难。你需要转变自己的思维方式，在学校时你的关注点都在学习方面，但是在职场你需要将工作和学习两方面融合到一起。

阿里人常说："既要，又要，还要。"对你来说，既要学习新的业务技能，又要将知识和理论应用到工作中，还要拿到好的结果。希望你能把这一困难当作挑战，而不是负担。

姚姚：我明白了。

在上面这段对话中，管理者首先对姚姚的工作表现进行了赞美。在面对应届生时，管理者要做到"乐于赞美"。这是因为，一方面应届生还没有和管理者建立足够的底层信任关系，管理者直接对其进行批评会打消对方的表达欲望，伤害他们的自尊心；另一方面，当管理者发现对方的优点和成绩时，通过赞美的形式可以提高他们的自信心，并且可以与之建立良好的信任感。

之后，管理者给出了对于"不能适应快速的工作节奏"这一问题的建议，帮助姚姚转变了思维方式。面对应届生的工作复盘，管理者要向对方阐明公司和学校的区别，让职场新人转变个人意识，抛弃学生思维，从而快速进入工作状态，适应工作节奏。

管理者：你再谈一谈最近一段时间的工作表现吧。说说哪些地方做得好，哪些地方做得不好，不好的地方后续如何改进。

姚姚：我顺利完成了这个阶段定下的工作目标，对于这个结果我还是挺满意的。我认为自己的工作方法比较科学，能够集中精力去完成工作。我做得不好的地方是对于专业领域的知识掌握得还不够全面,以后我会通过学习进行弥补。

管理者:恭喜你完成了工作目标,这是非常值得肯定的一件事。对于快速掌握专业知识,你有什么学习计划吗?

姚姚:具体计划还没有制订,我想在网上找找课程,看看相关的书籍。

管理者:你需要为自己的成长负责,提前给自己制订好阶段性的成长计划。其实很多时候,成功的经验和方法就在我们身边。你要多和同级别甚至跨级别的同事进行比较,看看自己和他们之间的差距在哪里,多学习大家的长处。

姚姚:好的,我会这样去做的。

对应届生来说,成长是非常重要的事情。初入职场的应届生就像一张白纸,虽然没有太多的工作经验,但是也没有不良的工作习惯。所以,管理者在做工作复盘的时候要对应届生进行正确引导,培养他们的成长思维,将好的工作方法传授给对方。管理者可以建议应届生多和身边的同事进行比较,找到差距并学习他人的长处。

同时,应届生也会缺乏压力感和危机感。在工作复盘中,管理者也要针对这一点提醒应届生,做到"丑话当先"。很多时候,适度的压力感和危机感也能推动员工的成长。

管理者:你达成目标的方法可以分享一下吗?

姚姚:其实我能达成目标也有一些运气因素,并没有太多具体的方法。

管理者：这是一个很大的问题。我们在取得好结果的同时，一定要认真分析和总结方法，并将其沉淀下来。如果是凭运气得到的结果，我们就要有所警觉。运气只是一时的，不能永远帮助我们获得想要的结果。

姚姚：嗯。我明白，没有过程就代表没有可以拿来复制的方法，对之后的工作也就没有任何帮助。之后我会注意这一点，做到总结方法，沉淀经验。

管理者：姚姚的悟性很好啊！希望这次的工作复盘能够让你改变思维方式，得到更好的成长！

在上面的这段对话中，管理者发现姚姚凭借一时的运气达成目标，于是及时指出这一问题并加以警醒。很多应届生在刚开始工作时，思维和意识还没有从学生身份中转变过来。所以，管理者要耐心地对应届生进行指导，培养他们的结果导向思维，让他们明白做工作就要有"拿结果"的意识，明白"为过程鼓掌，为结果买单"的道理。

在工作复盘前，管理者可以让应届生在陈述环节提前准备3个方面的内容。第一，工作以来的收获和困惑。第二，总结近期的工作表现，思考如何积累好的方法，改进不好的地方。第三，对于压力感和危机感的认识。

在自我表述环节，因为应届生对工作复盘了解不深，所以管理者需要对他们进行鼓励和引导，让他们多说话，多暴露问题，避免其因为紧张或其他因素而隐藏一些重要信息，影响管理者的判断和思考。

在陈述环节结束后,管理者要对应届生进行点评,赞美好的地方,指出问题所在,并给出改进建议。同时,管理者还要提醒应届生,一定要按时完成自己的工作,如果完成不了,就要提前沟通,不能到了最后的期限再要求延期,这会对工作整体进程造成很大的影响,容易扰乱团队其他成员的工作节奏。

总之,在应届生进行工作复盘的时候,管理者要将沟通重心放在转换思维这一方面,多为对方提供专业建议,帮助其更快地进入职场角色。

管理者与老员工

老员工是企业的基石,他们在业务领域积累了很多经验和方法,往往有着和企业相匹配的价值观。阿里巴巴将老员工视为"美酒",并用"一年香,三年醇,五年陈"来形容老员工,意思是老员工工作时间越长越有价值。

但是,老员工可能也会存在一定的问题。有些老员工在同一个岗位工作了太长时间,会无法脱离自己的舒适圈,只想在自己熟悉的领域舒适地完成工作,而不愿意接受挑战。

有些老员工虽然怀抱愿景和梦想,但是长期做着相同的工作,自己的能力、思维和视野慢慢被禁锢住了,逐渐对工作失去了激情与动力。这两种情况都会使老员工的成长停滞不前。

管理者最重要的工作就是培养人。因此,努力帮助老员工跳出自己的舒适圈,打开思维和视野,重新激发工作的激情与动力,这些是管理者的责任所在。下面我们就通过一个实际场景来看一看管理者如何在工作复盘中帮助老员工继续成长。

蒋工是阿里巴巴"五年陈"的老员工。他一直非常努力，并且十分重视自己的成长。但是，想成为管理者的他总是因为种种原因无法完成自己的职业发展规划。这让他十分苦恼，工作的热情和动力也在很大程度上被消磨掉了。这次的工作复盘被他视为救命稻草，希望管理者能够帮他指出问题到底出在哪里。晚上8点，他的工作复盘开始了。

管理者：这段时间你的业绩有些起伏，能说说为什么吗？

蒋工：实话实说，最近我的状态并不好，我觉得自己的成长空间受到了限制，希望你能帮我"揪一揪头发"。

当老员工明确提出自己的成长受到限制时，说明他对实现自我价值的过程产生了怀疑，其工作热情和动力很可能已经有所消退。这时，管理者不能忽视或轻率地应付对方，而是一定要抓住这一问题进行重点深挖，将阻碍老员工成长的因素找出来。

管理者：你觉得问题主要出现在哪些方面？

蒋工：我觉得自己的业务水平没有问题，这一年来也经常是团队中的销售冠军。但是，我在一线销售岗位上做得太久，感觉缺少了当初的激情。所以，我想成为管理者，让自己得到更好的发展。

管理者：你勇于突破自己的舒适圈，这非常好。我们常说"勇敢向上，坚决向左"。"勇敢向上"是勇于承担超出自己能力范围的责任，"坚决向左"是突破自己的舒适圈。我也希望能够给你提供更好的成长平台。那么，你觉得成为管理者应该具备哪些素质？

蒋工：管理者首先要有突出的业务能力，这样才能服众。其次，管理者要有很好的规划能力，用有效的销售策略提升团队业绩。我认为这两点最重要。

在上面的对话中，管理者明确地将"勇敢向上，坚决向左"的道理向蒋工进行讲解，鼓励并支持对方脱离自己的舒适圈，承担更多的责任，这一点十分重要。在老员工做工作复盘的时候，管理者要不断提醒对方继续成长，不要安于现状。管理者要告诉老员工，停止前进的脚步就会被其他人超越，也就是说不进则退。

同时，管理者还要继续挖掘老员工的想法和认知，看一看他们想要成长的信念是否坚定，当前是否具备承担更多责任的能力，如果不具备应学习补充哪方面的能力。

管理者：你为什么想成为管理者？

蒋工：我想要获得成功，实现个人价值。

管理者：管理者重要的不是成就自己，而是成就他人。如果你没有利他精神，不明白如何"成人达己"，心里只装着自己而装不下别人，就无法成为管理者。想要实现个人价值这点没有错，但是管理者实现个人价值的前提是帮助他人获得成功。你所说的业务能力、规划能力只体现在个人的工作技能上。但是，管理者的个人业务能力不是带领团队获得结果的关键要素。

其实，管理者要做的核心工作只有两项，一是培养人，二是通过别人获得结果。这些年来，你只扎根在业务专业领域，对于管理方面的学习十分欠缺，对于管理者的理解过于片面。之后，你可以主动参加管理者的培训，再次找到自己对工作的喜欢与热爱。

这次工作复盘，蒋工和管理者两人一直聊到凌晨两点，进行了清楚、透彻的交流。蒋工明白了自己之前的努力方向与个人职业规划出现了偏差，也彻底理解了作为管理者应具备的素质和条件，找到了重新出发的动力和勇气。

在上面这段对话中，管理者以提问的形式发现了蒋工无法获得成长的根源在于，其成长方向和对管理者这一职位的理解有所偏差。在发现问题后，管理者向蒋工详细地解释了管理者的定位及其应具备的素质和条件，为蒋工指出了当前应努力和成长的方向。

员工在一个岗位上工作的时间越久，越容易失去激情和动力。因此在老员工做工作复盘的时候，管理者要将关注点集中在对方的成长方面，而不只是业务技能方面。管理者一定要点燃员工心中的那团火，激励他们不断前进。

如果管理者发现老员工在几次工作复盘后都没有获得新的成长，就要考虑用换岗的形式来激发对方的热情和动力，帮助他们挣脱枷锁。如果老员工有着清晰的职业规划和努力方向，那么管理者要用引导的方式为他们提供建议，纠正他们在认知上的错误，帮助他们看清前进的方向。

业务老大与老销售

对企业来说，招贤纳士是帮助其快速发展的一个重要手段。在职场上有多年工作经验的员工具有一定的业务能力，能够为团队带来新的方法，提供更多的经验。但是，这样的员工也容易出现对新公司的价值观理解不足的情况。因此，在他们进行工作复盘的时候，管理者要重点关注其价值观。

下面是业务老大与老销售的工作复盘场景，我们可以从中体会业务老大如何在拥有多年工作经验的老员工进行工作复盘时发挥作用。

老杨在销售领域摸爬滚打了6年，自认为业务能力出色的他充满自信地加入阿里巴巴。当他自己要进行工作复盘的时候，他认为这就和以前公司的普通述职演讲一样，所以他并没有特别重视，而是觉得能轻松搞定。他准备在工作复盘中向管理者说一说这段时间的业绩情况和下一阶段的工作计划，最后再激情澎湃地表一表决心。抱着这样的想法，他迈进了会议室的大门。

业务老大：老杨，说说你这段时间的感受吧！

老杨：总体上，我觉得企业氛围很好，同事也都很友善，公司的各项制度都很完善，为我的成长带来了很大的空间。我目前的业绩只能说是及格，勉强打个65分吧！之后，我还会继续努力，争取在下个季度冲到80分！

业务老大点头微笑道：老杨的势头不错啊！应该表扬鼓励一下！我再提两个问题，咱们就能顺利结束了。

听到这句话老杨心想，工作复盘也不过如此。但是让他没想到的是，这10分钟只是个简单的开场。

业务老大：我们再来聊一聊价值观吧！你是如何理解团队合作的？

老杨：团队合作就是和工作伙伴通力协作，一起完成团队的业绩目标。

业务老大：那你觉得自己这几个月有哪些事情是基于团队合作这条价值观去做的呢？

老杨：这……我一时想不出来。

业务老大：团队合作应该这样理解，我们要有主人翁意识，主动促进团队的建设，即使不是自己分内的工作也不推诿。我们要用开放的心态去听取别人的意见，而在向别人表达观点的时候要"直言有讳"。我们要乐于分享自己的经验和知识，让自己和团队伙伴共同成长。在团队决策前，我们要充分表达意见，在决策后要坚决执行。还有最后一点，我们要懂得共享共担，"把后背交给兄弟"。比如……

老杨点点头，其实心里有些茫然，想着在工作复盘结束后再去认真看一看阿里巴巴"六脉神剑"价值观的具体解释。

在上面这段对话中，业务老大并没有过多关注老杨的业务能力，而是将话题聚焦在老杨对团队合作的理解上，从价值观的层面进行问题的挖掘。在这一过程中，业务老大不仅让老杨回答了对团队合作的理解，而且进一步去追问老杨的实际工作案例，由此发现了老杨对这一价值观存在理解不足的问题。

在判断老销售的价值观时，管理者不能只停留在让对方说的层面。很多时候，员工能准确说出自己对公司价值观的理解，但是在实际工作中很有可能并没有按照价值观的要求去执行。所以，管理者一定要将对价值观的考察落实到员工的实际工作案例之中，看一看员工有没有做到"知行合一"。

业务老大：现在我们来谈谈客户第一的问题。关于这一点，你觉得这半年来你做得怎么样？

老杨刚从郁闷的情绪中走出来：我觉得自己做得不错！我把客户当成衣食父母，做什么事情都先考虑客户的利益。

业务老大：那你说说哪些客户给你留下了深刻的印象？他们对我们产品的诉求是什么？你是如何站在自己的角度来为他们解答的？可以的话请举几个你或者团队伙伴践行客户第一这条价值观的例子。

老杨：……

虽然会议室里的温度很低，但是老杨觉得自己的汗水都快把衣服打湿了。过去他总觉得价值观不过是一些口号，也从来没有从价值观层面如此认真地审视过自己。通过这次工作复盘，他明白了价值观在工作中发挥的重要作用，而自己对于这方面的认知十分缺乏。他觉得这次工作复盘才是他在阿里巴巴职业生涯的开始。

提问是启发员工反思自我、认知自我的好方法。在回答问题前，员工会主动进行思考，审视自身的问题，这便是"三分提问，七分倾听"的意义所在。在上面的这段对话中，业务老大再次对老杨的价值观进行深入考察，并用一个个针对细节的提问促使老杨回顾、反思自己在工作中的行为是否符合公司的价值观。

老销售可能拥有不错的业务能力，但是他们对刚入职的企业价值观的认识和理解与新员工没有区别。从这一点上看，老销售其实也算是新员工。

因此，当入职不久的老销售进行工作复盘的时候，管理者不能只看到对方优异的业务能力，而应将重点放在帮助对方改变工作习惯和提高其对企业价值观的理解上，让老销售能够真正成为团队的同路人。所以，在老销售做工作复盘时，管理者更要"敢于棒喝，乐于赞美，立场坚定"，不要被对方的旧思维影响。

区域老大与区域经理

在所有工作复盘场景中，对管理者工作复盘的要求是最高的。因为，管理者可以决定一个团队能否不断向前发展。很多时候，团队就是管理者的镜像，团队中发生的问题其实就是管理者的问题。所以，在管理者进行工作复盘时，上级领导一定要从策略、团队、结果3个方面对其进行考察和评估，全面了解对方的真实工作情况。同时，上级领导也要不断给下级管理者敲响警钟，让对方平衡好对策略、团队、结果的关注，避免顾此失彼。

下面我们就通过区域老大与区域经理的工作复盘场景，来看一看如何通过工作复盘让管理者更好地管理团队。

> 小王刚刚上任区域经理，即将面对在这个职位上的第一次工作复盘。他心想："管理的区域业绩这么好，估计一会儿区域老大会问一问是如何做到这样的业绩，然后再让我向其他团队分享成功经验。"带着这样的想法，他面带笑容地推开了会议室的门。
>
> 区域老大拿着一份员工名单：你们团队的小薇最近怎么样了？
>
> 小王被问得措手不及：她最近挺好的。
>
> 区域老大：上个月她说家里出事情了，现在解决得怎么样？
>
> 小王：这个……她请假回来后我没有细问……
>
> 区域老大：老苏最近的心态怎么样？
>
> 小王：……
>
> 区域老大：感觉小薇和老苏的最近的业绩都不太稳定，他们心态上出现了什么问题？
>
> 小王：……
>
> 区域老大一开始并没有关心小王团队的业绩情况，而是把关注点都放在人的方面，并且刨根问底。小王平时只关注业绩，很少关注员工，所以这些问题一个都答不出来。

这次工作复盘给小王敲响了警钟，回去后他在一个月内把团队成员的事情了解得清清楚楚，但是再次进行工作复盘的时候，区域老大又开始不停地问业务策略问题。这两次工作复盘为小王带来了飞跃式的成长。他明白了只有对策略、团队、结果3方面同时进行关注，并平衡好三者的关系，才能算是一个合格的管理者。

在阿里巴巴，有一个叫作"3M"的体系，即策略（Make strategy）、团队（Make team）、结果（Make number）。这一体系在区域经理进行工作复盘时发挥着重要的作用。策略和结果要求区域经理对事的层面进行关注，团队则要求其对人的层面进行关注。区域经理要协调好策略、团队、结果三者之间的关系，只有这样才能在工作复盘中交出一份令人满意的答卷。

有些时候，管理者也难免会出现看问题的角度过于片面、面对问题逃避责任的情况。这时，上级领导一定要紧抓这些问题，直到将问题说透并与对方达成共识为止。我们再来看另一个区域老大与区域经理的工作复盘场景。

在宁波区域任职5个月的雷经理即将进行工作复盘。他所在的区域业务资源很好，但是这段时间以来，他的团队业绩始终没有增长，在所有区域团队中只排到第五名。面对接下来的工作复盘，他十分忐忑不安。

工作复盘一开始，雷经理就主动将团队业绩、达成策略、人员培养等情况进行详细的展示。在陈述的结尾，他试图做些弥补，但其实就是在辩解。他说："宁波并没有大家想象中的那样完美，该区域还有许多问题有待解决，我还需要一点儿时间去处理。"

区域老大："市场的问题别人谁都解决不了，只能靠区域经理自己去解决。如果区域经理对市场已经没有信心的话，我们就要考虑换一个更有信心的人到这个位置上来。"

雷经理没有想到区域老大会说出如此重的话，脸一下子红了。他意识到自己在抱怨失败、推卸责任，被畏惧困难的心理束缚住了手脚，没有主动思考解决问题的方法。在工作复盘结束后，他开始转变自己的思维，从团队、策略等各方面寻求突破，很快拿到了团队业绩第一的成绩。

阿里巴巴工作复盘的一大特点就是"丑话当先"，说话一定要说透，沟通一定要充分，最终一定要针对问题达成共识。这一点在区域老大与区域经理的工作复盘场景中尤为重要。因为职位越高意味着责任越大，区域经理的思维方式、工作能力和成长幅度影响着其所在团队的所有成员。在阿里巴巴，员工在做工作复盘时如果话没讲透就不能结束，这也是许多工作复盘会持续 5~8 个小时的原因。

所以，在区域经理进行工作复盘时，区域老大要做到"丑话当先""真话当先"，让对方清楚、明确地认识到自己在思维和意识上的偏差，并在工作复盘后加以调整，从而达到提升团队效率的目的。

以上就是针对不同职位的员工在不同场景下进行工作复盘的

实际情况。在工作复盘过程中，管理者要灵活运用学到的方法，把控好工作复盘的核心思路，用结果思维来分析问题，抓住核心问题的本质，这样就不会让工作复盘流于形式。

附录二
工作复盘心法

培养篇

借假修真,借事修人。
我做你看,我说你听,你做我看,你说我听。
员工为自己的发展负责,管理者为下属的发展负责。
最好的领导是做心灵的导航仪,而不是做赶车人。
团队的成长是管理者最大的成功。
要驱动别人,先点燃自己。
剥洋葱,刨根问底。
因为信任,所以简单。
向上沟通,要有胆量;平行沟通,要有肺腑;向下沟通,要有心肝。
或者是态度问题,或者是能力问题,或者两者都有问题。

成长篇

今天的最好表现是明天的最低要求。
不要给失败找理由，要为成功找方向。
任何人的错都是我的错。
你自己觉得有，别人感觉不到你有，你就是没有。
成功者找方法，失败者找借口。
做正确的事，正确地做事。
最大的错误就是停在原地不动，就是不犯错误，关键在于总结、反思，错误还得犯，关键是不要犯同样的错误。
既要，又要，还要。
你有什么？你想要什么？你能放弃什么？
乐于"揪头发"，勇于"照镜子"。
你感觉不舒服的时候，就是成长的时候。
勇敢向上，坚决向左。
不要害怕把自己的弱项暴露给他人。

管理篇

工作复盘不是对员工的考验,而是对管理者的考验。

哪怕是毒草也要长在阳光下。

虚事实做,实事虚做。

要在阳光灿烂的时候修屋顶。

心要慈,刀要快。

你一天没有听到坏消息,就证明你已经离团队很远了。

"直言有讳"。

为过程鼓掌,为结果买单。

今日因,明日果。

看不出问题就是最大的问题。

团队和谐到一定境界,就危险到一定境界。

管理要外圆内方,做人也要外圆内方。